論語二十四講

はじめに

『論語《ろんご》』は中国古代の哲人・孔子《こうし》の言葉を記録した書です。一部、弟子たちの言葉や、孔子の生活様式の記録も含んでいますが、基本的には孔子の語録といってよいものです。孔子が生涯を閉じたのは今から二千五百年も前のことですが、『論語』を読むと、その言葉の数々が現代を生きる我々の心にも切実に響いてくるのです。これこそ古典と称するに値《あたい》する書でしょう。

『論語』は中国で作られましたが、日本、朝鮮、ベトナムに広く流布し、膨大《ぼうだい》な数の読者を獲得してきました。

日本への『論語』の伝来は古く、『古事記《こじき》』によると応神天皇の時代に百済《くだら》から来た和迩《わに》吉師《きし》（『日本書紀《にほんしょき》』では王仁《わに》）がもたらしたと言われています。それ以後継続して読まれてきましたが、最も普及したのは江戸時代で、文字通り基礎教養といってよいものになりました。明治時代になって儒教が衰退しても、『論語』だけは常に読者を獲得し続け、それは現在にも及んでいます。『論語』は日本人と極めて相性がよく、中国の書でありながら、日本人とっても、まさに永遠の古典ともいうべき書です。

本書はこの『論語』の内容を、項目ごとにわかりやすく解説したものです。もともと一年に六冊出る雑誌に、四年にわたり合計二十四回の連載をしたもので、一回ずつが短い講義の形になっています。「二十四講」と名づけた所以《ゆえん》です。取り上げた項目は『論語』の中核をなす最も重要なものを選びました。また引いた『論語』の文章も精選したつもりです。初めて『論語』に接する人にも理解しやすいように、既に『論語』になじんでおられる人にも有益になるように心がけました。

本書では、単なる字面《じづら》の解説だけではなく、できるだけ『論語』の精神に踏み込もうとしてみました。ただ学問的にいいかげんなことは書かないように注意しました。書名を頻繁《ひんぱん》にあげたのも根拠を明らかにしようとしたからです。本書によって、『論語』と孔子の思想についての基本知識が得られるとともに、『論語』が現代にあってますますその存在意義を輝かせていることを感じ取っていただければ幸いです。

本書の方針について付言しておきます。

一、本書で『論語』を引用する場合は、量が多いのでいちいち『論語』と明記せず、篇名のみ記しています（例：「学而篇」）。『論語』以外の書籍は書名を明記しています。

二、本文の現代語訳は全て筆者が訳したもので、わかりやすさを心がけました。

三、書き下し文とその箇所のルビのみは旧仮名《きゅうかな》を使っていますが、それ以外は新仮名にしてあります。読みやすさを考慮した結果です。

四、本文に挿入した図は「聖蹟図」（二松学舎大学提供）からのものである。

論語二十四講　目次

はじめに……1
第1回　学問の喜び……9
第2回　自己向上の人・孔子……15
第3回　孔子は聖人だったのか……21
第4回　孔子も誤ることがあったのか……27
第5回　孔子のただ一つの自慢……34
第6回　孔子が最も重んじた道徳――仁《じん》……41
第7回　徳を高める――正直は絶対によいことか……50
第8回　親孝行はどうあるべきか……58
第9回　礼の精神……66
第10回　人とのつきあい方……74
第11回　孔子と音楽……85
第12回　政治はどうあるべきか……93

第13回　政治家としての孔子……103
第14回　勉強の心がまえ……111
第15回　学ぶことと思うこと……120
第16回　孔子の先生……127
第17回　孔子と弟子──顔回《がんかい》……135
第18回　孔子と弟子──子路《しろ》……143
第19回　孔子と弟子──子貢《しこう》……152
第20回　孔子と弟子──宰我《さいが》……159
第21回　弟子に対する姿勢……166
第22回　弟子から見た孔子……176
第23回　孔子の家族……183
第24回　人の尊重……193
付　録　名言の数々……202
おわりに……223

論語二十四講

【第1回】 学問の喜び

最初に『論語』の成り立ちと孔子の生涯についてごく簡単に紹介しておきます。

この『論語』は春秋時代の孔子が没してから二百年以上たった戦国時代の末くらいにほぼ今の形になったのではないかという説が有力です。ただその中には孔子の時代に近い古い記録がかなり含まれていますので、やはり孔子を知る第一の書であることにかわりはありません。また『論語』という書名ですが、「論」を議論の意味に取り「門人が集めて議論して編集した孔子の語」とする従来の解釈（『漢書《かんじょ》』芸文志《げいもんし》）は不自然で、たぶん「論」は整理するということで、「編集して整理した孔子の語」という意味かと思われます。

孔子は紀元前五五二年あるいは五五一年に生まれ、紀元前四七九年に没しました。魯《ろ》の国（現在の山東省）の人で、幼少の頃は貧乏でしたが、次第に役人として出世していき、それとともに政治的発言力も増していきます。しかし魯では自分の理想通りの政治が行われないのに失望し、諸国遊説《ゆうぜい》の旅に出ますが、結局どこでも採用してくれず、またふるさとの魯にもどり、弟子を教育しながら没します。孔子の生涯のあれこれについては、本書で随時触れることになります。孔子は儒教の祖として、儒教が広まった中国、日本、朝鮮、ベトナムなどの地域で厚い尊崇を受けてきました。

ともかく『論語』の本文を味わっていきましょう。

この『論語』の冒頭に掲げられているのが次の有名な語です。本書もここから始めましょう。

子曰《しいは》く、学《まな》びて時《とき》に之《これ》を習《なら》ふ、亦説《またよろこ》ばしからずや。朋《とも》の遠方《ゑんぱう》自《よ》り来《きた》る有《あ》り、亦楽《またたの》しからずや。人知《ひとし》らずして慍《うら》みず、亦君子《またくんし》ならずや、と。（学而篇《がくじへん》）

〔子曰、学而時習之、不亦説乎。有朋自遠方来、不亦楽乎。人不知而不慍、不亦君子乎。〕

先生が言われた。「学んでからその内容を繰り返し復習して自分の中で熟成させる。これ

は心に喜びが湧《わ》き上がることではないか。そうすると志を同じくする朋友《ほうゆう》が遠方からから来てくれたりする。これも楽しみが満ちあふれることではないか。ただいくら学んでも人が認めてくれないこともある。それでも憤懣《ふんまん》を持たないのは、これも君子ではないか」。

「子」とは先生の意味で、孔子を指しています。「学ぶ」とは先生あるいは書物によって学ぶことです。そこでは正確に理解することが求められます。自分独自の考えを打ち出すのではなく、あくまでも謙虚に先生の教えを正しく理解することが大事なのです。「習ふ」とは、学んでいちおう理解した内容を何回も復習することです。つまり観念的にしか理解できていなかったものを心の底から悟るようにすることです。「時に」という語には、「しかるべき時に」と「常に」という二つの解釈がありますが、ここは「常に」ということだと思います。学んだ内容を常に心で反芻《はんすう》することで身についたと実感した時に、大きな喜びが溢《あふ》れてくるというのです。孔子はしばしば学問の喜びを語ります。勉強は苦痛ではなく悦楽なのです。多くの宗教者は修行の苦しさを語りましたが、孔子はそれと異なるのです。

そして学問を積めば、その評判が立ち、遠方から同志が訪ねてきてくれます。これが第二句です。この「遠方自《よ》り」というのが大事です。当時の人間関係は血縁と地縁が中心でした。親族や同郷の結びつきの社会だったのです。それが学問を通してそのような関係を超えた新たな人間関係が生まれたのです。わざわざ「遠方自《よ》り」と言っているところを味わってください。しかも「朋」というのは平等な関係です。『孟子《もうし》』には「父子 親《しん》有り。君臣 義有り。夫婦 別《べつ》有り。長幼 序有り。朋友 信有り」（滕文公篇上《とうぶんこう》）という語があります。これは「五倫」とまとめて呼ばれていますが、要するに基本的人間関係とそれを円滑《えんかつ》にする心の持ち方です。このうちの父子、君臣、夫婦、長幼（目上と目下）の四つは上下関係ですが、朋友だけは平等関係です。孔子の学団にはいろいろな身分の人や年齢の人たちがいました。もちろん身分の差をそれなりに重んじたり年少者は年上を立てたりはしたでしょうが、根本的には学問修養が身についた者が尊重されました。世間の上下の序列とは別の基準がここにはあったのです。学問の前には人々平等であるという思想を切り開いたのは孔子なのです。

ところでいくら学問を身につけても、他人が評価してくれないことだってあります。その時にむかっ腹を立てないことが「人知らずして慍《うら》みず」です。それこそ立派な人ではないか、つまり「亦《また》君子ならずや」なのです。

「君子」という言葉には二つの意味があります。身分の高い人と、徳の高い人です。『論語』にはこの両者の意味が出てきますが、多いのは後者です。ここも、徳の高い人は他人の評価に左右されないという意味です。おそらく「君子」という言葉は「君」の字があるように、もとは君主とか身分の高い人とかという意味でした。それが内面化されて徳の高い人という意味になったのです。このように外形的なことを内面化する例では、『論語』第一の道徳の「仁《じん》」もそうです。「仁」は、『詩経《しきょう》』や『書経《しょきょう》』の古い箇所を見ると、もとは外面的なかっこうよさ、たおやかさを表す語でした。それが内面化され、人への節度有る思いやりの道徳を意味するものになったのです。

もっとも孔子は人が認めてくれるかどうかを気にするなと言いながら、一方では、徳を積めば必ず周囲に人を引き寄せると考えていました。それは本書の第10回で取り上げる「徳は孤《こ》ならず。必ず隣《となり》有《あ》り（徳は孤独ではない。必ず寄《よ》り添《そ》ってくれる人がいる）」（里仁《りじん》篇）という言葉によく出ています。独りよがりは君子ではないのです。ただ今回取り上げているこの章では他人の評価に左右されないことの方に重きがおかれています。

ところでこの箇所は三段に分かれています。一、学問を積む喜び、二、遠くから朋友が来ている楽しみ、三、他人の評価に左右されない君子としての姿勢です。この三者の内容は孤立しているのではなく連続しています。つまり、学問すると徳がはぐくまれ心に喜びが生ずる、そしてそれは自分だけの枠にとどまらず広く朋友を呼びよせる契機《けいき》になり、それも楽しみになる、しかしそれはあくまでも結果であって、立派な君子は人に認知されなかったからといって不満に思わない、というのが全体の意味の流れなのです。

本章からは、学問することがいかに喜びや楽しみに満ちたものであるか、それと学問は人を自分に引きつけてくれるが、あくまでも人の評価を期待するものではなく自分のためにするものなのだ、ということが読み取れるわけです。現在では勉強というと立身出世のための受験勉強のようなものをまず思い出してしまいます。学問は喜びをもたらし、人を引きつけるものだということを、現代人は忘れてしまっているのではないでしょうか。

【第2回】　自己向上の人・孔子

七十歳をこえた孔子が自分の来《き》し方《かた》をふりかえったのが次の語です。孔子が没したのは、七十四歳あるいは七十三歳ですから、文字通り晩年の述懐です。

子曰《しいは》く、吾《われ》十有五《じふいうご》にして学《がく》に志《こころざ》し、三十《さんじふ》にして立《た》つ。四十《しじふ》にして惑《まど》はず、五十《ごじふ》にして天命《てんめい》を知《し》る。六十《ろくじふ》にして耳《みみ》順《したが》ひ、七十《しちじふ》にして心《こころ》の欲《ほっ》する所《ところ》に従《したが》へども、矩《のり》を踰《こ》えず、と。（為政《いせい》篇）

〔子曰、吾十有五而志于学、三十而立。四十而不惑、五十而知天命。六十而耳順、七十而従心所欲、不踰矩。〕

先生が言われた。「私は十五歳で学問で身を立てる決心をし、三十歳で社会的に一人前になった。四十歳で迷わず進むようになり、五十歳で天命を自覚した。六十歳で人が言いたいことがそのままわかるようになり、七十歳で自分の望むままにしても道徳からはずれなくなった。」

この語は今一つ意味がわかりづらいのではないでしょうか。「立つ」とか「惑《まど》はず」とか「天命を知る」とか「耳《みみ》順《したが》ふ」とかという語があまりに簡潔すぎてどうにでも解釈できてしまうからです。一つの解決策としては、孔子の生涯の事績と重ねてみることですが、それでもうまくいきません。そもそもここでは十年ごとに区切って自己の成長を述べていますが、そう都合よく十年ごとに新境地に達したとも思えないので、段階を経て進歩してきたということを象徴的に言っただけかもしれないのです。ともかくこのようなことを念頭に少し詳しく見ていきましょう。

まず十五歳で「学に志す」という出だしですが、孔子が学び始めたのはもっと早かったはずではないかというのは、当然ながら出てくる疑問です。そこでこれは大学に入ったということなのだという解釈があったりするのですが、少年時代貧しく賤《いや》しかったと自分でも言っている孔子が入学できるような学校制度が当時整備されていたということは、すぐには首肯《しゅこう》できません。そこでここは、それまで学んではいたが、この年にはじめて学問で身を立てようという決心をしたということで理解しておきましょう。なお「十有五」の「有」は「たす」という意味で、十たす五、つまり十五です。

次の三十歳で「立つ」というところですが、これもはっきりしません。何か心に確立するものがあったというようなことかと想像するのが普通です。三十歳ごろと言えば、孔子が魯《ろ》の国で宮仕えし始めた頃です。そのことからすると、官吏としての足場を得たということでしょうか。『礼記《らいき》』という儒教の経書には、十歳で学び、二十歳で元服《げんぷく》し、三十歳で結婚するものだと書いてありますが（「曲礼篇上《きょくらい》」）、今よりも早婚であった当時としては遅すぎるので、理論上の主張の感じがします。それに孔子が結婚し子どもを生んだのは、二十歳頃と言われています。ともかく十五歳で学者に志し、三十歳で官吏として社会的に自立したと解釈しておくと、単なる学者稼業ではなく、役人としても活動する態勢を三十歳で作ったということになるでしょう。

次の四十歳の「惑《まど》はず」も難物です。本当に迷いが無くなったのなら、いわば悟りを開いたわけで、ここで精神的成長は終わりになってもおかしくはないわけですが、これ以後も孔子の精神的成長は続きます。この時期まではまだ自分の目指す方向に多少の迷いもあったが、それがふっきれて進む道を定めたということでしょうか。

次の五十歳で「天命を知る」というのも、「天命」をどう解釈するかで意味が違ってきます。「天命」という語が、天が自分に命じた内容、自己の使命、自己の運命、というように複数の意味に解釈しうるからです。孔子はこの時期以前から魯の国の政治に関わってはいましたが、実際に政治的に影響力を行使し始めるのはこの時期以後であることからすると、自分が学んできた道を現実の政治に実現していくという自分の使命を自覚したということでしょうか。

最大の難物は次の六十歳で「耳順《みみしたが》ふ」という語の解釈です。人の言葉をすなおに聞けるというのが一般的な解釈ですが、これでは何か好々爺《こうこうや》になっただけという印象をあたえます。この時期、孔子は魯の国の現状に失望して、諸国を遊説《ゆうぜい》しながら諸侯に道を説き大奮闘していた最中で、枯れている暇はありませんでした。耳で人の話を聞きわけるというのは聡明さの象徴ですから、人が言っていることの内実を平静公平な心で把握できるようになったということでしょうか。

最後の「心《こころ》の欲《ほっ》する所《ところ》に従《したが》へども、矩《のり》を踰《こ》えず」は、心の自由な境地をあらわし、孔子の最終的な境地とされます。つまり自分がああしたいこうしたいと望んだことが、結果的に矩《のり》（道徳規範）から逸脱しないということです。ここに至って、心の自然な動きに身をゆだねても道徳と一致する真の道徳的人間になったのです。自由人と道徳家が完全に一体となった境地であると言えましょう。また稔《みの》りの無かった遊説の旅から帰郷し、弟子たちの教育に専念した晩年にあたりますので、穏やかな心境になっていたのかもしれません。また前段階の「耳順ふ」が他人の言葉の受け取り方なのに対して、こちらは自分の心の持ち方が軸になっているとも言えます。

ただ江戸時代の荻生徂徠《おぎゅうそらい》は、これは老いて心が以前のような活発さを失ったことだと言います。つまりこの章全体を直線的な孔子の自己完成への向上の話ではなく、普通の人間と同じような生長とともに気合いが入り、老境とともに枯れてしまうといった放物線を描くような心の変遷と考えたのです。宮崎市定《みやざきいちさだ》博士なども同じ傾向の解釈です。

この章は、このように多様な解釈が可能です。確実に言えると私が思うのは、孔子が階段を一段一段上るように自己向上を続けていったということです。南宋《なんそう》の朱子《しゅし》などは、孔子は生まれつき完璧《かんぺき》な聖人だったが、人々に自己修養の指針をあたえるため、あえて自分のこととして心の成長を言ったのだと解釈しました。つまり教育上の方便《ほうべん》の言葉だと言うわけです。しかしこの解釈には無理があり、やはり孔子自身が率直に自分の心の変遷《へんせん》を回顧《かいこ》したものでしょう。ともかくも簡潔な言葉の中に、孔子が生まれつき完璧な人ではなく、自己向上の人であったことを知ることができる名言であり、決定的な解釈が無い分、読者それぞれが自分の人生経験を重ねながら味わえる語なのです。

【第3回】 孔子は聖人だったのか

孔子と言えば聖人ということになっています。しかし孔子自身は自分が聖人だと思っていたのでしょうか。次の語を見てください。

子曰《しいは》く、聖《せい》と仁《じん》との若《ごと》きは、則《すなは》ち吾《われ》豈《あに》敢《あへ》てせんや、抑《そもそも》之《これ》を為《な》して厭《いと》はず、人《ひと》を誨《をし》へて倦《う》まざるは、則《すなは》ち爾《しか》云《い》ふと謂《い》ふ可《べ》きのみ、と。公西華《こうせいくわ》曰《いは》く、正《まさ》に唯《ただ》弟子《ていし》学《まな》ぶ能《あた》はざるなり、と。（述而篇《じゅつじ》）

〔子曰、若聖与仁、則吾豈敢。抑為之不厭、誨人不倦、則可謂云爾已矣。公西華曰、正唯弟子不能学也。〕

先生が言われた。「聖と仁などは、私にはとてもできないね。その教えを実践する際に嫌《いや》がらず、人にそれを教える際に飽《あ》きないということなら、そうだと言ってもよいがね。」公《こう》西華《せいか》が言った。「それこそまさに我々が学ぶことができないものなのです。」

明らかに孔子は、自分が聖人でも仁の徳を体得した人間でもないと言っているのです。なお孔子が没してから百年ほど後に生まれた孟子の思想を伝える『孟子』には、孟子に向かって弟子の公孫丑《こうそんちゅう》が、先生は聖人ですねと言ったところ、孟子がそれを否定した話が出ています。そこで孟子は、孔子ですら聖人とは思っていなかったのだから、私などとんでもないと言って、孔子とその弟子の子貢《しこう》の間でなされたやりとりを引いているのですが、それがこの箇所と類似の内容なのです。そこに見える語でも孔子は「聖は、則《すなは》ち吾《われ》は能《よ》くせず（聖は、私にはできない）」と言っています（以上は、『孟子』公孫丑《こうそんちゅう》篇上）。

また次の語もあります。大宰《たいさい》（長官）と孔子の弟子の子貢《しこう》のやりとりに孔子がコメントした語です。

―大宰《たいさい》 子貢《しこう》に問《と》ひて曰《いは》く、夫《か》の子《し》は聖《せい》なる者《もの》か。何《なん》ぞ其《そ》れ多能《たのう》なるや、と。子貢《しこう》曰く、―

固《まこと》に天之《てんこれ》に縦《ゆる》して将《まさ》に聖《せい》ならんとし、又多能《またたのう》なり、と。子之《しこれ》を聞《き》きて曰《いは》く、大宰我《たいさいわれ》を知《し》れるか。吾少《われわか》かりしとき賤《いや》しかりき。故《ゆゑ》に鄙事《ひじ》に多能《たのう》なり。君子《くんし》多《た》ならんや、多《た》ならざるなり、と。（子罕篇《しかん》）

〔大宰問於子貢曰、夫子聖者与。何其多能也。子貢曰、固天縦之将聖、又多能也。子聞之曰、大宰知我乎。吾少也賤。故多能鄙事。君子多乎哉、不多也。〕

大宰《たいさい》が子貢《しこう》にたずねて言った。「あの方は聖なのですか。それなのになぜ多才なのですか。」子貢が言った。「まことに天は孔子に聖になれる素質をあたえたうえに、孔子は多才なのです。」先生はそれを聞いて言われた。「大宰は私を理解しているね。私は幼少の時賤《いや》しかった。であるからどうでもよいことに多才なのだ。君子は多才であろうか。多才ではないよ。」

大宰の質問の背景には、聖は多才のはずがないという考えがあります。聖人や君子は全体を見通し統括《とうかつ》できますが、こまごましたことに多才である必要は無いのです。次の語が端的にそれを示しています。

子曰《しいは》く、君子《くんし》は器《き》ならず。(為政篇《いせいへん》)

〔子曰、君子不器。〕

先生が言われた。「君子は器《うつわ》のようなものではない。」

器はそれぞれの用途に応じて作られています。つまり個別能力を指すのであり、いくら多才であっても個別能力の寄せ集めに過ぎません。それに対して君子とは個別能力を持つ人たちを大所高所から見渡して適正に働かせる次元の違う存在なのです。なお本書の第1回でも述べたように、「君子」という語は、上に立つ人と立派な人という二つの意味がありますが、ここでは両方を兼ねています。先に引いた子罕篇《しかん》に見える子貢《しこう》の口ぶりには、何とか孔子を聖人にしたいという気持ちが滲《にじ》み出ていますが、孔子自身は自分のことを、聖人はおろか君子であるとも思っていなかったのです。もう一章あげましょう。

子曰《しいは》く、君子《くんし》の道《みち》なる者《もの》三《さん》。我《われ》能《よ》くすること無《な》し。仁者《じんしゃ》は憂《うれ》へず、知者《ちしゃ》は惑《まど》はず、勇者《ゆうしゃ》は懼《おそ》れず、と。子貢曰《しこういは》く、夫子《ふうし》自《みづか》ら道《い》ふなり、と。（憲問《けんもん》篇）
〔子曰、君子道者三。我無能焉。仁者不憂、知者不惑、勇者不懼。子貢曰、夫子自道也。〕

先生が言われた。「君子の道には三項目がある。私はできないがね。仁者は憂えず、知者は惑わず、勇者は恐れない。」子貢《しこう》が言った。「これは先生が自分で言われたことである。」

この最後の「子貢曰《しこういは》く、夫子《ふうし》自《みづか》ら道《い》ふなり」は、普通はこう解釈されています。「子貢が言った。『仁者以下の三項目は、先生が自分のことを言われたのである。』」つまり孔子は謙《けん》遜《そん》して自分はできないと言われたが、本当はここにあげている三項目の君子の道を体現していたのだというわけです。ちなみに「自道」は、文法的に言うと、「自分が言う」とともに「自分のことを言う」という意味にも解釈できる語です。何とか必死に孔子を完璧な存在にしようとしている感じですね。しかしこのような解釈は不自然な感じがします。先に私が試みた現代語訳のように、子貢が言った言葉の意味は次のような内容だと思います。「諸君は信じられないかもしれないが、確かに先生がこのように言われたのを私は聞いた。」

孔子が自分は君子も無理だというのは、君子の意味のハードルを上げてもいたのでしょうが、謙遜でもあったとしてもかまわないでしょう。それに対し自分には聖人は無理だと言ったのは、謙遜でも何でもなく、本心からの言葉だと思われます。しかし弟子たちは孔子が聖人であってほしかったのです。それは先に触れた『孟子』公孫丑《こうそんちゅう》篇上の箇所で、引用はしませんでしたが、子貢が「夫子《ふうし》は既《すで》に聖《せい》なり（先生はもう聖なのです）」と言っているところにも現れています。

本書の第2回で、孔子は自己向上し続けた生涯を送ったことを見ました。未完成な自己を自覚して努力し続けた孔子の姿はまことに感動的です。そしてそれゆえ孔子は身近でありながら及び難い真の偉人なのです。

【第４回】　孔子も誤ることがあったのか

孔子が自分が聖人と思っていなかったことは前回述べました。今回はまず孔子が自分は最高の存在ではないと思っていたことを示すために、『論語』の中の二つの言葉を取り上げて対照させてみます。第一の言葉は次の通りです。

孔子《こうし》曰《いは》く、生《う》まれながらにして之《これ》を知《し》る者《もの》は、上《じやう》なり。学《まな》びて之《これ》を知《し》る者《もの》は、次《つぎ》なり。困《くる》しみて之《これ》を学《まな》ぶは、又其《またそ》の次《つぎ》なり。困《くるし》しみて学《まな》ばざれば、民斯《たみこ》こに下《げ》と為《な》す、と。

（季氏《きし》篇）

〔孔子曰、生而知之者、上也。学而知之者、次也。困而学之、又其次也。困而不学、民斯為下矣。〕

孔子が言われた。「生まれつきわかっている者は上である。学んでわかるようになる者はその次である。苦しんで学ぶ者は、さらにその次である。苦しむばかりで学ばなければ、民ですら下等と見なす。」

最高レベルが「生まれつきわかっている者」、次の段階が「学んでわかるようになる者」、そのまた下が「苦しんで学ぶ者」、最低が「苦しむばかりで学ばない者」というように四段階に分けています。それでは孔子はどの段階でしょうか。実は孔子は、自分は最高段階ではないと言っているのです。次の言葉がそれです。

子曰《しいは》く、我《われ》生《う》まれながらにして之《これ》を知《し》る者《もの》に非《あら》ず。古《いにしへ》を好《この》みて、敏《びん》にして以《もつ》て之《これ》を求《もと》むる者《もの》なり。（述而篇《じゅつじ》）

〔子曰、我非生而知之者。好古、敏以求之者也。〕

先生が言われた。「私は生まれつきわかっている者ではない。古いことを好んで、神経を研《と》ぎ澄《す》ましてそれを求めている者なのだ。」

この二つの言葉を並べてみると、孔子は自分のことを、生まれつきの最上級の人間ではなく、むしろそれより一段下る学び続ける段階だと認識していたことがわかります。自分の未熟さの自覚があるからこそ、孔子は学び続けたのです。

また孔子の弟子の子貢《しこう》の語に次のようなものもあります。

子貢曰《しこういは》く、君子《くんし》の過《あやまち》や、日月《じつげつ》の食《しょく》の如《ごと》し。過《あやま》つや人皆之《ひとみなこれ》を見《み》、更《あらた》むるや人皆之《ひとみなこれ》を仰《あふ》ぐ、と。（子張《しちょう》篇）
〔子貢曰、君子之過也、如日月之食焉。過也人皆見之、更也人皆仰之。〕

子貢が言った。「君子が誤る場合は、日食や月食のようなものだ。誤ると人々がみなこれを見、改めると人々がみなこれを仰ぐ。」

君子の偉さは誤らないことではなく、誤りを隠《かく》さずすぐに改めることなのです。そして孔子自身も、自分が誤る人間だということを認めていました。それは次の箇所によくあらわれています。

陳《ちん》の司敗《しはい》問《と》ふ。昭公《せうこう》礼《れい》を知《し》れるか、と。孔子《こうし》曰《いは》く、礼《れい》を知《し》れり、と。孔子《こうし》退《しりぞ》く。巫馬《ふば》期《き》を揖《いふ》して之《これ》を進《すす》めて曰《いは》く、吾《われ》聞《き》く、君子《くんし》は党《たう》せず、と。君子《くんし》も亦《また》党《たう》するや。君《きみ》呉《ご》に取《めと》るに、同姓《どうせい》なるが為《ため》に、之《これ》を呉孟子《ごまうし》と謂《い》ふ。君《きみ》にして礼《れい》を知《し》らば、孰《たれ》か礼《れい》を知《し》らざらん、と。巫馬期《ふばき》以《もつ》て告《つ》ぐ。子《し》曰《いは》く、丘《きう》や幸《さいはひ》なり。苟《いやしく》も過《あやまち》有《あ》らば、人《ひと》必《かなら》ず之《これ》を知《し》る、と。（述而《じゆつじ》篇）

〔陳司敗問。昭公知礼乎。孔子曰、知礼。孔子退。揖巫馬期而進之曰、吾聞、君子不党。君子亦党乎。君取於呉、為同姓、謂之呉孟子。君而知礼、孰不知礼。巫馬期以告。子曰、丘也幸。苟有過、人必知之。〕

陳の司法長官がたずねた。「昭公は礼をわきまえていますか。」孔子が言った。「礼をわきまえています。」孔子が退いた。そこで司法長官は巫馬期《ふばき》に一礼して前に寄らせて言った、「私は聞いています、君子は身びいきをしないと。君子もまた身びいきをするのですか。主君が呉の国から娶《めと》ったところ、同姓だったので、呉孟子と呼んでごまかしました。この君が礼をわきまえているというのならば、礼をわきまえていない者などいましょうか。」巫馬期はこのことを孔子に告げた。先生が言われた。「私は幸いだね。少しでも過失があれば、必ず気づいてくれる人がいる。」

昭公《しょうこう》は魯《ろ》の先代の君主です。陳の国の司敗（司法長官）は、孔子が自分の故国の魯の君主のことだから、身びいきの答えをしたのだと言ったのです。昭公がなぜ呉の君主の家から娶《めと》るのが問題になるかというと、昭公も呉の君主も共に周の王族の子孫なので姓が姫《き》だからです。中国では日本と異なり、同姓の間の結婚は礼に合わないものとして禁止されていました。そこでそれをごまかすために昭公はその女性をあえて「呉孟子」と呼んで結婚したのです。本来ならば「呉孟姫」と言うべきところを、姓が「姫」であることを隠し、姓が「子」である宋の女子を娶《めと》ったようにごまかしたのです。これはたいへん礼にはずれた行為です。

この語は、孔子は実は昭公の問題行為を知っていたが、昭公を批判の対象にしないように配慮し、それを指摘された時にあえて自分の無知という形で引き受けたのだと説明されてきました。しかしこれはもっと率直に解釈すべきです。孔子はこの婚姻が礼にはずれていたことを知らなかったことを率直に認め、それを指摘してくれたことに感謝したのです。ちなみに江戸時代の伊藤仁斎もそのような解釈をしています。

次のフレーズはよく知られています。

過《あやま》てば則《すなは》ち改《あらた》むるに憚《はばか》ること勿《なか》れ。(学而篇《がくじへん》、子罕篇《しかんへん》)

〔過則勿憚改。〕

誤てば改めるのに躊躇《ちゅうちょ》してはならない。

このように『論語』では、孔子は誤るなとは言わず、誤った場合にいかにすみやかに適切に対処するかということだけを説いています。伊藤仁斎は、この意を汲《く》んでこう言っています。

人は木石ではないのだから誤りが無いわけにはいかない。……それゆえ君子は誤りが無いことを貴《とうと》ばず、誤りを改めることができるのを貴ぶ」

（『論語古義』憲問《けんもん》篇）

どうしても人間は誤るものなのです。問題はそれを反省し、修正する気持ちがあるかどうかです。孔子は自分が誤ることが無いなどとは思っていませんでしたし、人に最初から完全さを求めるようなことはしませんでした。向上への意欲に、人間の価値を見出していたのです。

【第5回】 孔子のただ一つの自慢

孔子は自慢をしない人でした。その孔子が唯一誇ったのが、自分ほど学問好きはいないということでした。

子曰《しいは》く、十室《じっしつ》の邑《いふ》、必《かなら》ず忠信《ちゅうしん》の丘《きう》が如《ごと》き者有《ものあ》り。丘《きう》の学《がく》を好《この》むに如《し》かざるなり、と。
（公冶長篇《こうやちょう》）
［子曰、十室之邑、必有忠信如丘者焉。不如丘之好学也。］

先生が言われた。「十軒の家があるくらいの村でも、必ず私くらい誠実さの徳を持っている者はいるものだ。しかし私が学問を好むのに及ぶ者はいないね。」

「十室」は、ここでは十軒。「邑《ゆう》」は村。つまり極めて小さな村のことです。「丘《きゅう》」は孔子の諱《いみな》（生まれた時に親がつけた名前）です。自分のことは諱で言います。ここに「忠信」とありますが、「忠」は自分の心が誠実であること、「信」は他者に対して誠実であること、つまり両方で、誠実であることです。孔子は「忠信」をかなり重んじていました。次の語をごらんください。

子《し》四《し》を以《もつ》て教《をし》ふ、文行忠信《ぶんかうちゆうしん》。（述而篇《じゆつじ》）
〔子以四教、文行忠信。〕

先生は四つのことを教えられた。古典と徳行と忠（誠意）と信（信義）である。

孔子はまた「忠信を主とす」という語もよく使います。孔子にとって「忠信」とは日常生活での道徳的心構えの代表のようなものだったのです。その重視していた道徳的姿勢について、孔子は私程度の人はいくらでもいると謙虚《けんきょ》に述べています。そしてその上で、自分の好学を強調しているのです。

葉公《せふこう》孔子《こうし》を子路《しろ》に問《と》ふ。子路《しろ》対《こた》へず。子曰《しいは》く、女《なんぢ》奚《なん》ぞ曰《いは》ざる、其《そ》の人《ひと》と為《な》りや、憤《いきどほり》を発《はつ》して食《しょく》を忘《わす》れ、楽《たの》しみて以《もつ》て憂《うれひ》を忘《わす》れ、老《おい》の将《まさ》に至《いた》らんとするを知《し》らずと爾《しか》云《い》ふ、と。（述而《じゅつじ》篇）

〔葉公問孔子於子路。子路不対。子曰、女奚不曰、其為人也、発憤忘食、楽以忘憂、不知老之将至云爾。〕

葉公《しょうこう》が孔子のことを子路にたずねた。子路はお答えしなかった。先生が言われた。「お前はどうして言わなかったのか。孔子という人物は、発憤すると食事を忘れ、楽しむと憂いを忘れ、老いが近寄ってくるのにも気がつかないといった具合だとね。」

「葉公」は問題のある人物だったので、弟子の子路はその質問に答えなかったのですが、それはともかく、孔子がここで「発憤」とか「楽しみ」と言っているのは、明らかに学問に燃え、楽しんでいることです。

孔子はまた次のようにも言います。

子曰《しいは》く、之《これ》を知《し》る者《もの》は、之《これ》を好《この》む者《もの》に如《し》かず。之《これ》を好《この》む者《もの》は、之《これ》を楽《たの》しむ者《もの》に如《し》かず、と。（雍也《ようや》篇）

〔子曰、知之者、不如好之者。好之者、不如楽之者。〕

先生が言われた。「知る者は好む者に及ばない。好む者は楽しむ者に及ばない。」

これも学問についての言葉です。学問は知識を増やすよりも、学問を好むこと、さらにそれよりも学問を楽しむことが大事なのです。本書の第1回で、『論語』冒頭の「学びて時に之《これ》を習ふ。亦《また》楽しからずや」という語をあげました。学問はとにかく楽しいはずなのです。学問を楽しむというのは、単なるお題目ではなく、孔子の実感だったのです。

ところで次の語は有名ですね。

子曰《しいは》く、朝《あした》に道《みち》を聞《き》かば、夕《ゆふべ》に死《し》すとも可《か》なり、と。（里仁《りじん》篇）

〔子曰、朝聞道、夕死可矣。〕

先生が言われた。「朝方《あさがた》道を聞けたなら、夕方死んでもよい。」

先にあげた「老《おい》の将《まさ》に至らんとするを知らず」という語は、学問に熱中するあまり老いることすら気づかなかったということでしたが、道を聞いたら死んでもかまわないというほどの情熱はおそらく死ぬまで続いたのでしょう。

晩年孔子が病み、見舞いに来た弟子の子貢《しこう》に向かってこのような詩を賦《ふ》して落涙《らくるい》しました。

太山壊《たいざんこは》れんか。梁柱摧《りやうちゆうくだ》けんか。哲人萎《てつじんしを》れんか。

（泰山《たいざん》も崩《くず》れん、太い柱も折れん、哲人も萎《な》えん。）

さらに子貢に対してこう嘆いたと言います。

天下道無《てんかみちな》きこと久《ひさ》しく、能《よ》く予《われ》を宗《そう》とするもの莫《な》し。

（天下には道が無くなって久しく、私の言うことを大事にしてくれる者もいない。）

このことは、前漢の司馬遷《しばせん》の『史記《しき》』孔子世家《せいか》に出ています。この『史記』という有名な歴史書は、孔子よりも四百年も後の文献ですし、『論語』を見る限り、孔子は自分のことを大仰《おおぎょう》に語ることを好まない人なので、天下の霊峰の泰山（太山）に自《みずか》らを比すような表現には多少違和感を覚えます。つまりこれが本当に孔子が賦《ふ》した詩かどうか疑問も残るのです。もっとも孔子が学んでいた学問は、単なる知識欲ではなく、自己を高めるとともに世の中に道を実現させるためのものでしたから、その肝心の社会的貢献の方の使命を果たしきれずに死ぬことに対する焦燥《しょうそう》の思いから、このような崩壊感覚に満ちた言葉が発せられたものかもしれません。

確かに孔子には自分の学んだ道を世に実現しきれなかったことへの悔いは残ったかもしれ

ません。ただ孔子の好学は、それとは別に深い内的衝動《しょうどう》のようなものであったように思います。それは命の灯火の消えるまで続いたことでしょう。孔子はこのように言います。

子曰《しいは》く、古《いにしへ》の学《まな》ぶ者《もの》は己《おのれ》の為《ため》にす、今《いま》の学《まな》ぶ者《もの》は人《ひと》の為《ため》にす、と。（憲問篇《けんもん》）
〔子曰、古之学者為己、今之学者為人。〕

先生が言われた。「古《いにし》えの学ぶ者は、自分の向上のために学問した。今の学ぶ者は、人に知られるために学問する。」

学問は、博識なのを他人にほめられたり、試験に合格して人の注目を集めるためにするものではなく、あくまでも自分の内面から湧《わ》き上がってくる自己向上の意欲をもとにするものなのだと言うのです。孔子は自分が偉大であるという自慢はしませんでした。ただ学問をすること自体の意義と喜びを誰よりも強く感じ、また実際に倦《う》むこと無く学問し続けた人でした。孔子は、悟りすました人間ではなく、真の意味での求道者だったのです。

【第6回】孔子が最も重んじた道徳 ——仁《じん》

孔子が最も力を入れて説いたのは「仁」です。ところがこの「仁」の説明となると、孔子は実に様々なことを言っていて、とりとめが無いという印象です。たとえば自分に打ち勝ち、礼に復帰することとしたり（顔淵篇《がんえんへん》）、具体的な徳目を並べて説明したりしています（陽貨篇《ようかへん》）。中には、苦労して結果を得ることとしたり（雍也篇《ようやへん》）、訒《じん》（訥弁《とつべん》）であることとしているところさえあります（顔淵篇《がんえんへん》）。つまり孔子は語る相手がどのような問題を抱えているかを見て、自在に説明を変えているように見えるのです。この中で注目されるのは、弟子の質問に答えた次の言葉です。

樊遅《はんち》 仁《じん》を問《と》ふ。子曰《しいは》く、人《ひと》を愛《あい》す、と。（顔淵篇《がんえんへん》）

〔樊遅問仁。子曰、愛人。〕

樊遅が仁をおたずねした。先生が言われた。「人を愛することだ。」

ここで孔子は仁を「人を愛すること」として概括的な説明をしています。ただこの愛とは、男女の愛というような意味ではなく、肉親に対して自然に起こるような親愛の情というようなものです。そしてこれは身勝手な愛情ではなく、相手の気持ちを十分配慮するいわば「おもいやり」とでもいうものです。ここで大事なのはそのような親愛の情を肉親の範囲に止めず、親戚や身近な人たち、さらには見ず知らずの人にまで広げていくことです。よく儒教は家族主義だと言います。それは当たっているのですが、同時に家族だけを大事にするだけでは儒教とは言えません。中国社会はともすれば自分の家族だけよければあとはどうでもよいという家族個人主義に陥《おちい》りがちでした。家族を最も大事にしながら、その心持ちを家族以外の他者にも限りなくおし広げていくところに儒教の味があるのです。

仁という語は孔子が初めて使用した語ではなく、ごく普通に使われていた語です。『詩経《しきょう》』や『書経《しょきょう》』の古い部分の「仁」の用例からみて、もとは外見的な見栄《みば》えの良さを示す語であると言われています。孔子はそれを内面化しました。外見のたおやかさ、かっこうよさを、内面のやさしさ、立派さの意味に引きずり込んだのです。本書の第1回でも述べたように、孔子は、もとは君主とか身分の高い人という意味の「君子」を内面化して徳の高い人として使用したように、外形的な様態を指した「仁」も内面を表す語に昇華《しょうか》しているのです。

仁についてて重要な言葉をもう一つあげましょう。

子貢曰《しこういは》く、如《も》し博《ひろ》く民《たみ》に施《ほどこ》して、能《よ》く衆《しゅう》を済《すく》ふこと有《あ》らば、何如《いかん》、仁《じん》と謂《い》ふ可《べ》きか、と。子曰《しいは》く、何《なん》ぞ仁《じん》を事《こと》とせん。必《かなら》ずや聖《せい》か。尭《げう》舜《しゅん》も其《そ》れ猶《なほ》諸《これ》を病《や》めるか。夫《そ》れ仁者《じんしゃ》は、己《おのれ》立《た》たんと欲《ほっ》して人《ひと》を立《た》て、己《おのれ》達《たっ》せんと欲《ほっ》して人《ひと》を達《たっ》す。能《よ》く近《ちか》く譬《たとへ》を取《と》る。仁《じん》の方《はう》と謂《い》ふ可《べ》きのみ、と。（雍也《ようや》篇）

〔子貢曰、如有博施於民、而能済衆、何如、可謂仁乎。子曰、何事於仁。必也聖乎。尭舜其猶病諸。夫仁者、己欲立而立人、己欲達而達人。能近取譬。可謂仁之方也已。〕

子貢が言った。「もし広く民に施《ほどこ》して、民衆を救済《きゅうさい》することがあれば、どうでしょうか。

仁と言うことができますか。」先生が言われた。「どうして仁に従事することになろうか。もし言うとすれば必ずや聖であろう。堯《ぎょう》や舜《しゅん》ですらもこのことに悩んだではないのか。そもそも仁者は、自分が立とうと望めば人を立たせてあげ、自分がそこに行こうと望めば人を行かせてあげるものだ。身近な状況になぞらえることができる。それが仁を実践する方法と言えるね。」

天下を政治的に救済できるのは堯や舜のような聖王で、普通の人が成し遂《と》げられるようなものではありません。仁の実践はもっと身近なことなのです。自分がああこうしたいと思う時、他の人も同じ思いを持っているはずだと推測して譲《ゆず》ってあげるのです。つまり人の気持ちを察してそれを遂《と》げさせてあげることなのです。まさしく「思いやり」ですね。仁が身近な道徳であることは、次の語にもあらわれています。

子曰《しいわ》く、仁遠《じんとほ》からんや。我仁《われじん》を欲《ほっ》すれば、斯《ここ》に仁至《じんいた》る、と。（述而篇《じゅつじへん》）

〔子曰、仁遠乎哉。我欲仁、斯仁至矣。〕

先生が言われた。「仁は遠いものであろうか。私が仁でありたいと望めば、すぐに仁はやってくる。」

本書の第3回で引いた述而篇《じゅつじ》の語で、孔子は「聖と仁などは、私にはとてもできないね」と言っていましたが、それは常に仁と一体となり切るというレベルの話です。そこまで行くにはまず個々の場面で仁の実現を図ることが必要で、それが蓄積されることで徳が積み上がっていくのです。まず求められるのは仁であろうとする意欲です。

子曰《しいは》く、苟《いやしく》も仁《じん》に志《こころざ》せば、悪無《あくな》きなり、と。（里仁《りじん》篇）

〔子曰、苟志於仁矣、無悪也。〕

先生が言われた。「少しでも仁に志しさえすれば、悪いことはしなくなる。」

ところで今回の冒頭で孔子は仁について様々な説明をしていることを述べましたが、それと「人を愛す」との関係がどうなのでしょうか。おそらく「人を愛す」いうのはいわば心構えで、この姿勢で物事に当たろうと志せば、悪は結果的に出てこないのです。仁は結果的には様々な教えの形を取りますが、この心構えは通底しているのです。もっとも「顔淵篇《がんえんへん》」で「訒《じん》（訥弁）」を「仁」としている場合などは解釈が難しいのですが、これは「訒」と「仁」の発音が同じことからきた説明で、少なくとも騒々しかった司馬牛《しばぎゅう》にとっては仁を発揮できるための心構えとしては適切なアドバイスだったのでしょう。仁ならんとすることこそ重要なのです。ドイツの哲学者のエマヌエル・カントは「善意志」と言いましたが、「仁意志」とでもいったところでしょうか。

さて先に仁のことを思いやりで説明しましたが、道徳の根本には、自分の心をもとにして他者の心を思いやれる想像力があります。清朝《しんちょう》の儒者の戴震《たいしん》はそれを「及ぼす（自分の心を他者に及ぼす）」という語で表現しました（『孟子字義疏証《そしょう》』巻中「性」）。人間が動物と異なるのは、動物は家族や同類のことしか思いやれないのに対し、人間は赤の他人の心まで想像し思いやれるからだと彼は言います。自分の痛みから他者の痛みを想像できるのです。

ただ重要なことは、いくら自分の想像力がもとになるとはいえ、それが一人よがりのものであってはならないことです。孔子が没してから約百年後に生まれた孟子《もうし》は、孔子と同じく「仁者は人を愛す」と愛によって仁を説明しながら、次のように言っています。

仁者《じんしゃ》は人《ひと》を愛《あい》し、礼有《れいあ》る者《もの》は人《ひと》を敬《けい》す。人《ひと》を愛《あい》する者《もの》は、人恒《ひとつね》に之《これ》を愛《あい》し、人《ひと》を敬《けい》する者《もの》は、人恒《ひとつね》に之《これ》を敬《けい》す。此《ここ》に人有《ひとあ》り、其《そ》の我《われ》を待《ま》つに横逆《わうぎやく》を以《もつ》てすれば、則《すなは》ち君子《くんし》必《かなら》ず自《みづか》ら反《はん》するなり。我必《われかなら》ず不仁《ふじん》ならん、必《かなら》ず無礼《ぶれい》ならん。此《こ》の物奚《ものなん》ぞ宜《よろ》しく至《いた》るべけんや、と。其《そ》の自《みづか》ら反《はん》して仁《じん》なり、自《みづか》ら反《はん》して礼有《れいあ》り、其《そ》の横逆《わうぎやく》由《な》ほ是《かく》のごとくなるや、君子必《くんしかなら》ず自《みづか》ら反《はん》するなり。我必《われかなら》ず不忠《ふちゆう》ならん、と。自《みづか》ら反《はん》して忠《ちゆう》なり、其《そ》の横逆《わうぎやく》由《な》ほ是《かく》のごとくなるや、君子曰《くんしいは》く、此《これ》も亦妄人《またもうじん》なるのみ。此《か》の如《ごと》ければ則《すなは》ち禽獣《きんじう》と奚《なん》ぞ択《えら》ばんや。禽獣《きんじう》に於《お》いて又何《またなん》ぞ難《なん》ぜん、と。（離婁《りろう》篇下）

〔仁者愛人、有礼者敬人。愛人者、人恒愛之、敬人者、人恒敬之。有人於此、其待我以横逆、則君子必自反也。我必不仁也、必無礼也。此物奚宜至哉。其自反而仁矣、自反而有礼矣、其横逆由是也、君子必自反也。我必不忠。自反而忠矣、其横逆由是也、君子曰、此亦妄人也已矣。如此則与禽獣奚択哉。於禽獣又何難焉。〕

仁である者は人を愛し、礼を身につけている者は人を敬す。人を愛する者に対しては人も常にその人を愛し、人を敬する者に対しては人も常にその人を敬す。ある人が自分に対して無道なことをしてきた時に、君子は必ず反省する。「自分はきっと不仁だったのだろう、きっと無礼だったのだろう。さもなければこのような態度を取られるはずはない。」反省してみても仁であり、礼にかなっているのに、それでも依然として無道にふるまわれれば、君子は必ず反省する。「自分はきっと誠実ではないのだろう。」反省してみても誠実であるのに、それでも無道がやまないのであれば、そこで君子は言う、「この相手はわからずやだ。このようなら禽獣《きんじゅう》とどこが異なろうか、禽獣に対しては非難するに及ぼうか。」

実はこれと似た内容のものが、前漢にできた『韓詩外伝《かんしがいでん》』巻九にあります。そこには、孔子の弟子の子路と子貢《しこう》と顔回の三人の、人が自分によくしてくれた場合とよくしてくれなかった場合に対する態度の差がのっています。

よくしてくれた場合は、三人とも自分もよくしてあげると言うのですが、よくしてくれなかった場合には、子路は自分も相手によくしてあげないと言い、子貢は相手次第で対応していくと言い、顔回はそれでも相手によくしてあげると答えました。この三者に対して孔子は、子路は野蛮人のやり方、子貢は朋友に対するもの、顔回は親族へのもの、と批評しています。

『日本道徳論』を書いた西村茂樹（一八二八〜一九〇二）は『徳学講義』第九冊で、顔回の態度をキリスト教と同じとしたうえで、親族間にはよくても一般人には通用しないと言っています。先に引いた『孟子』の方は、この三者と異なり、相手がよくしてくれなかった場合は、自分の好意がひとりよがりでなかったかを反省し、修正を加えたうえで改めて相手に接し、相手の好意を得られるように努力することを求めています。つまり「右の頬《ほお》を殴《なぐ》られたら左の頬を差し出せ」（『マタイ福音書《ふくいんしょ》』）というキリスト教とは異なるのです。「仁」が自分の心情や信条の一方的押しつけではなく、相手の心を推《お》し量《はか》り合意を得る努力を必須とするというところに、儒教が本来持つ社会性が現れています。

私は以前『岩波哲学・思想事典』の「仁」の項目で「仁は内面に根拠を持ちつつも人間関係へ適応できること、逆に言えば社会的に認知できる内的欲求であることを必須とする」と書きましたが、それはこういう意味なのです。

【第7回】 徳を高める ——正直は絶対によいことか

前回、孔子は仁についてその場その場で異なった説明をし、固定化していないことを述べました。これは仁という概念の中に、それぞれの場合どのように行為するかを選択できる道徳、いわば諸規範の上に立つ道徳という意味があるからではないでしょうか。仁こそは状況に応じて諸規範を適切に選ぶようにできる道徳なのです。ただ前回も述べたように、いずれの場合も「人を愛す」という精神が通底しているので、「人を愛す」と概括《がいかつ》されるのです。

西欧の哲学や倫理学はまことに精緻《せいち》な理論を展開していて圧倒されますが、実際に日常生活の中でどれくらい役に立つでしょうか。たとえば前回も名前を出したドイツ近代の偉大な哲学者エマヌエル・カント（一七二四～一八〇四）の倫理学関係の著作は今でも道徳を考える時に指針になっていますが、その彼に問題にされてきた議論があります。カントは「人間愛からの嘘」という論文で、こう主張したのです。

人殺しに追いかけられた友人が自分の家に逃げ込んできた時、人殺しが家に押しかけてきて、おまえはかくまっているだろうと言ったとする。それに対してかくまっていないと嘘をつくことは罪である。

カントの主張はその哲学理論全体から考えるべきで、ここだけ切り取って議論するのは気が引けますが、それはともかくとして、この主張に賛同できない人は多いと思います。ここでは正直という美徳と命を尊ぶという美徳が衝突しています。おそらく多くの人はカントと異なり、嘘をついてでも友人の命を守る方を選ぶでしょう。

いつでも正直であることがよいわけではないのです。このカントとの対比で思い浮かべるのが『論語』にのっている次の話です。この両者を対比することは誰でも思いつくようで、私も以前どこかで読んだ記憶があります。

葉公《せふこう》孔子《こうし》に語《つ》げて曰《いは》く、吾《わ》が党《たう》に直躬《ちよくきゆう》なる者《もの》有《あ》り。其《そ》の父《ちち》羊《ひつじ》を攘《ぬす》みて子《こ》之《これ》を証《しよう》す。

孔子《こうし》曰《いは》く、吾《わ》が党《たう》の直《なほ》き者《もの》は、是《これ》に異《こと》なり。父《ちち》は子《こ》の為《ため》に隠《かく》し、子《こ》は父《ちち》の為《ため》に隠《かく》す。直《なほ》きこと其《そ》の中《なか》に在《あ》り、と。（子路《しろ》篇）

〔葉公語孔子曰、吾党有直躬者。其父攘羊而子証之。孔子曰、吾党之直者、異於是。父為子隠、子為父隠。直在其中矣。〕

葉公《しょうこう》が孔子に語って言った。「私の地元に正直者の躬《きゅう》という者がいる。父親が他人の羊を自分のものにしたところ、子がそれを証言した。」孔子が言われた。「私の地元の正直者はそれとは違います。父は子のために隠《かく》し、子は父のために隠します。正直はその中にあるのです。」

「直躬《ちょくきゅう》」とは「正直者の躬」ということで、「躬」はその正直者の名前です。この文に少し解説を加えると、「ぬすむ」の動詞として「攘《じょう》」の字が使用されているのは、いわゆる窃盗《せっとう》とは意味が違うからです。もし「盗」の字が使われていたならば、人の牧場にしのびこんで羊を盗むという犯罪行為をすることですが、「攘」は何らかの理由から結果的に盗んだような形になってしまったことを意味します。具体的には、羊が自分たちのところに迷い込んできたのでそのままにしておいたら、結果的に盗みのような形になってしまったということなのです。つまりこの父親が窃盗の常習犯であったわけではないのです。

また孔子が言う「子は父のために隠《かく》す」とは、頬《ほ》っ被《かむ》りして羊を隠し通すということをよしとしているのではなく、父の過失をあらわにしないことです。羊の持ち主がわかったならばこの子どもが返しにいってわびるとか、役所に出頭して自分がうっかり届け出るのを遅らせてしまったとか言ったりして、父に嫌疑《けんぎ》がかからないようにするのこそ、人間の本質に「正直」なのであって、それゆえ孔子は「正直はその中にあるのです」と言ったのです。父と子が相互にかばい合う中に、単にうそをつかないというレベルではない人間の正直な心情があるのです。ともかくもこの羊の話では、正直という美徳と親孝行という美徳が衝突しています。そして孔子は親孝行を尊重する立場を選んだのです。

我々が日常生活をおくる中で事件が発生した場合、それに正しく対応しようとしても複数の規範が衝突し合って簡単に結論が出ない場合が多々あります。儒者がよく話題にするのは、自分の君主と父親が戦争を始めた時に忠義を全うしようとすれば親不孝になるといった忠と孝という道徳がぶつかる類です。そのような場合に、自分のすべきことを的確に判断できる人物こそ徳高き人なのです。豊かな人生経験と学問修養によって培《つちか》われた徳の所有者こそが、自他ともに納得できる総合判断を瞬時にくだせるのです。

孔子は次のように正直を無条件によいとはしていません。

直《ちょく》を好《この》みて学《がく》を好《この》まざれば、其《そ》の蔽《へい》や絞《かう》。（陽貨《ようか》篇）

（正直を好んで学を好まなければ、その弊害《へいがい》は硬直だ。）

直《ちょく》にして礼無《れいな》ければ、則《すなは》ち絞《かう》す。（泰伯《たいはく》篇）

（正直であっても礼が無ければ、頑《かたく》なになる。）

つまり正直であっても学問や礼が無ければかたくなになるだけだとしているのです。

（陽貨《ようか》篇の方の語については本書の第15回で全文をあげます。）

ところで正直については、次の語などはどう解釈するか問題になってきたものです。

子《し》曰《いは》く、孰《たれ》か微生高《びせいかう》を直《ちよく》なりと謂《い》ふや、と。或《ある》ひと醯《けい》を乞《こ》ふに、諸《これ》を其《そ》の隣《となり》に乞《こ》ひて之《これ》を与《あた》ふ、と。（公冶長篇《こうやちょう》）
〔子曰、孰謂微生高直。或乞醯焉、乞諸其隣而与之。〕

先生が言われた。「誰が微生高《びせいこう》を正直だと言ったのか。ある人がお酢《す》を求めたところ、彼は隣から分けてもらいそれをその人にあげたのだよ。」

この語は、普通は「微生高が正直だと言われているがそうではない。何しろお酢を持っているふりをして、隣からこっそりお酢をもらってわたしたりしているのだから」というように微生高批判の文脈で解釈します。しかし私は別の解釈をしたいと思います。それは、「微生高は意外に柔軟な人なのだよ。お酢を持っていないと言って馬鹿正直にはねつけないで、融通をきかせて隣からもらってきてそれをあげたのだから」というものです。正直を売り物にするよりも、お酢を融通《ゆうずう》してあげる方が相手のためになるのですから。

カントは先の論文で、殺人鬼にうそをつかなくても友人が助かることもあるだろうし、うそをついても友人が殺される結果になることだってあると言っています。しかし仮に殺人鬼から友人が逃げられたとしても、その友人はうそをついてくれなかった人を恨み、二人の友情は永遠に破綻《はたん》するでしょう。

自分も相手も、さらにそれを見ている第三者も納得できる結論、そしてそれが理性的にも感情的にも納得いくものこそ、我々が求めるものなのです。カントは「理性命令」という語を使っています。カントの場合は単純ではありませんが、ともかくも乾いた理性だけでは人々は幸せにはなれません。自分の文脈だけで行動を決定している人を「自分に正直な人だ」とほめる風潮もありますが、そういう人は往々にして「自分勝手な面倒な人」です。このような人々の集合では社会は成り立ちません。

学問や礼の修養によって徳を積んだ人は、複雑な現実の状況に対して常に仁の心によって適切に対処できる人なので、特定の規範を金科玉条のように守るかたくなな人ではありません。

欧米には、カントのような善悪判断の規範を探求する倫理学や、結果の善し悪しで判断する功利主義の倫理学に対して、個々の場面で適格な判断ができるような徳を高めることの意義を説く徳倫理学（ヴァーチュー・エシックス）を主張する一派がありますが、近年この徳倫理学の立場からの儒教の再評価が注目されています。徳が高い君子は現実の問題にどう対応するのか、それは法則で示せるようなものではなく、個々の場での判断の具体例でしか察しられないものです。ただそこに明らかに看取できるのは一貫した仁への意志なのです。その具体例が『論語』にはつまっていて、それこそが我々の真の導きになるのです。

【第8回】　親孝行はどうあるべきか

「仁」とは様々な人間関係の中で実現される道徳ですが、今回取り上げる「孝」は親子関係という特定の人間関係の中で実践される道徳で、それゆえ「実践道徳」という範疇《はんちゅう》に入れられたりします。儒教の実践道徳で最も重要なのは、この「孝」と、君臣関係の中で発揮される「忠」ですが、忠については第9回で少し触れます。

中国で孝は最も重視されてきた実践道徳でした。親孝行を否定する思想は中国では生き延《の》びられず、インド生まれで出家をすすめる仏教ですら、中国社会になじむために『父母恩重経《ぶもおんじゅうきょう》』という親孝行を説くお経を中国で作成しました。このお経は子どもがいかに親から恩愛を受けていたか、それなのに子どもは生長するとそれに報いないどころか親を粗略にするということを綿々と述べ、親孝行の大事さを説いています。今でもこのお経は、大陸や台湾のお寺に行くと積んであり、自由に持って帰ってもかまわないのが普通です。

ただその中国でも文化大革命の時には、親への孝行よりも毛沢東《もうたくとう》への忠誠が優先するとされ、自分の親であっても反革命分子として告発することが平気で行われました。子どもが親をいたぶり、多くの犠牲者が出、それは中国人の心に深い傷跡を残しました。

孔子にとっても、孝はとりわけ重要な実践道徳でした。それも形だけではなく、心がこもっていることが大切でした。孔子は、単に親を扶養するだけではなく、親に対する敬愛が必要だと言っています。

子《し》游《いう》 孝《かう》を問《と》ふ。子《し》曰《いは》く、今《いま》の孝《かう》は、是《こ》れ能《よ》く養《やしな》ふを謂《い》ふ。犬《けん》馬《ば》に至《いた》るまで、皆《みな》能《よ》く養《やしな》ふこと有《あ》り。敬《けい》せずんば何《なに》を以《もつ》て別《わか》たんや、と。（為《い》政《せい》篇）

〔子游問孝。子曰、今之孝者、是謂能養。至於犬馬、皆能有養。不敬何以別乎。〕

子游が孝についておたずねした。先生は言われた。「今の孝は、養ってあげることを言っている。しかし犬や馬までも養っているではないか。敬わなければどうして区別できようかね。」

心のこもらない親孝行では、動物を飼うのと同じだと言うのです。また孝行する場合は次のような心遣《こころづか》いも必要です。

子夏《しか》孝《かう》を問《と》ふ。子曰《しいは》く、色難《いろかた》し。事有《ことあ》れば、弟子其《ていしそ》の労《らう》に服《ふく》し、酒食有《しゆしあ》れば、先生《せんせい》に饌《せん》す。曽《すなは》ち是以《これもつ》て孝《かう》と為《な》すか、と。(為政篇《いせいへん》)

〔子夏問孝。子曰、色難。有事、弟子服其労、有酒食、先生饌。曽是以為孝乎。〕

子夏が孝についてたずねた。先生が言われた。「顔つきが難しいね。何かあれば年少者が率先《そっせん》して汗を流し、酒とご飯があれば年配者に恭《うやうや》しくさしあげる。この程度では孝とは言えないね。」

忙しい時、疲れている時、不快なことがあった時など、どうしても顔つきが険《けわ》しくなります。それをおさえて親がなごむように懸命に努力するというのはかなりの努力が必要なものです。養ってあげたり、いろいろと手助けしてあげたりするというのは年輩者に対して通常行うことなのですが、これだけでは孝行ではないと孔子は言っているのです。孔子からすれば、親孝行というものは単なる年輩者に対する奉仕ですむものではなく、それに加えて心がこもっていることが大事なのです。顔は心の鏡なのであって、一時はよい顔つきをすることはできても常時それを維持するのは意外に困難なものです。何でもない指摘のようですが、孔子の確かな観察眼が感じられます。

ところでこの孝行とは、親の言うことには何でも従うことなのでしょうか。

子曰《しいは》く、父在《ちちいま》せば其《そ》の志《こころざし》を観《み》、父没《ちちぼつ》すれば其《そ》の行《おこなひ》を観《み》る。三年父《さんねんちち》の道《みち》を改《あらた》むる無《な》きは、孝《かう》と謂《い》ふ可《べ》し、と。（学而《がくじ》篇）

〔子曰、父在観其志、父没観其行。三年無改於父之道、可謂孝矣。〕

先生が言われた。「父の在世中は父の志を尊重し、父が没してからは父の生前の行いを追《つい》慕《ぼ》する。三年間父の生前のやり方を改めないのは、孝と言える。」

ここの解釈は昔から問題がありました。もし父親が悪事をしていた場合、それでも子は三年間は父親の悪事を改めないのでしょうか。この問題に対しては様々な解釈が出ました。たとえば、悪事はすぐ改め、それ以外は改めないことだとか、「父の道」とわざわざ「道」の字がついているからもとより悪事は含まれないとか、孝行とは親に従うことのみを指す道徳であるが、それ以外にも重要な道徳があり、それと孝がバッティングする時は、場合によっては孝行を実践しないこともあるとかです。

ここで考え合わさなければならないのは、親が死ぬと子は「三年の喪《も》」に服さねばならなかったということです。この「三年の喪」は、中国や朝鮮の儒教においては、いかなる時代でもいかなる場所でも実践しなければならない重要な礼でした。ただ三年といっても実際は足かけ三年、つまり二年あまりの期間です（二十五月と二十七月の両方の説があります）。道端良秀《みちはたりょうしゅう》博士が昔書いていたことですが、日本で三回忌《さんかいき》を二年目にするのは仏教の教えにもとづくものではなく、この儒教の「三年の喪」の影響です。この期間は、子は目立った社会活動は控《ひか》えねばなりません。つまり社会的な活動を停止し、自宅に引きこもって親を追慕《ついぼ》し最低限の行いしかしないのですから、「父の生前のやり方を改めない」とは家庭でのやり方の類が中心のはずなのです。つまり社会活動ではなく、ふだんの生活スタイルを中心に言った言葉だと思われるのです。なお「三年父の道を改むる無きを、孝と謂《い》ふ可し」という語は、里仁《りじん》篇にも見えます。

ところで孔子が親子の情愛の本質をよく知っていたことは、次の言葉によく現われています。

孟武伯《まうぶはく》孝《かう》を問《と》ふ。子曰《しいは》く、父母《ふぼ》は唯其《ただそ》の疾《やまひ》を之憂《これうれ》ふ、と。（為政《いせい》篇）

〔孟武伯問孝。子曰、父母唯其疾之憂。〕

孟武伯が孝についておたずねした。先生は言われた。「父母はとにかく子の病気を心配するものですよ。」

ここでは「父母は唯其《ただそ》の疾《やまひ》を之《これ》憂ふ」を、「親に心配をかけないように自分の健康に気をつける」という意味にとっておきましたが、それ以外の解釈としては、「父母には子の病気だけが心配であるようにしなさい」、つまり病気はやむをえないとしてもそれ以外のこと、たとえば素行《そこう》の問題などで親に心配をかけさせるなというものもあり、こちらを採用する人も少なくありません。さらに「疾（病気）」を子ではなく父母の病気の意味に取って、「父母の病気をとにかく心配しなさい」とか「父母には父母自身の病気だけに神経が集中できるようにしてあげなさい」とするものもあります。しかしやはり親の率直な気持ちとしては、まず子どもの健康が大事なのではないでしょうか。質問している孟武伯という人物は魯《ろ》の国の家老の孟懿子《もういし》の子で、父の孟懿子は、身分は孔子よりも上ですが、孔子の同僚であり弟子でもありました。

孟武伯が健康であったか病身であったかは不明ですが、親にとっても孔子にとっても大事な体ではあったのでしょう。健康な子でもとかく若さにかまけて不摂生《ふせっせい》をしがちなものです。孔子は子に孝行を要求するだけではなく、親の子に対する愛情がどのようなものなのか、よく知っていたと言えるのではないでしょうか。

本書の第23回に書いてありますが、孔子自身は両親が別居していたため父親との関係が極めて薄く、父親に親孝行をする機会はありませんでした。同居していた母親には特別の思いがあったでしょうが、『論語』には両親について何も書かれていないので、具体的には不明です。あるいは孔子の親孝行へのあこがれは人一倍強く、親孝行ができる環境にいる人がうらやましく幸せそうに見えたかもしれません。

【第9回】礼の精神

今まで見てきたように孔子は仁や孝を説きましたが、それとともに重視したのが礼です。礼には立居振舞《たちいふるまい》の礼儀と集団で行う儀式という両方の意味がありますが、前者の心構えは、後者の場でも発揮されるものでした。礼を行うことで秩序正しくなり、しかも社会的にも円滑《えんかつ》になることから、礼は道徳心をはぐくむうえでも大切なものでした。

礼というと、上から押しつけるものと思われがちです。しかし私が以前理事長をつとめていた九州の中高では、開学当初から生徒たちが礼義正しく挨拶《あいさつ》をすることを自分たちの学校文化として確立しようとしていました。これは寮を設けたため県外の生徒が多い学校が地元に根付くことにたいへん貢献しました。口で「おはようございます」と言うだけではなく、それとともに会釈することで、言葉だけよりも気持ちがはるかに相手に伝わります。礼義とは社会の潤滑油でもあるのです。江戸時代の農村には若衆宿《わかしゅうやど》があり、そこに入ると徹底して朝昼晩の挨拶をしこまれたそうです。挨拶がきちんとできることが社会人になるための最低条件だったのです。以前九州の有田《ありた》町で行われたシンポジウムに参加した時、有田町での道徳授業の試みとして掃除《そうじ》と挨拶が実践されているということを聞き、たいへん感銘を受けました。みなで一緒に掃除をすることで役割分担の大切さを知り、お互いに挨拶をすることで互いを尊重しあう気持ちを養えられれば、学校でのいじめなどははるかに少なくなるでしょう。

ところで孔子は、古典学習とともに礼の習得とその実践を常に説いていました。その礼の精神を理解するために参考になるのが、次の語です。

子《し》曰《いは》く、質《しつ》文《ぶん》に勝《か》てば則《すなは》ち野《や》。文《ぶん》質《しつ》に勝《か》てば則《すなは》ち史《し》。文質彬彬《ぶんしつひんぴん》、然《しか》る後《のち》に君子《くんし》たり、と。（雍也《ようや》篇）

〔子曰、質勝文則野。文勝質則史。文質彬彬、然後君子。〕

先生が言われた。「実質が文飾よりまされば粗野な人、文飾が実質よりまされば記録係、実質と文飾が調和してこそ君子だ。」

「質」とはその物の中身のことで、ここでは人の内面の真情を指します。「文」とは外に見える文様《もんよう》のことで、ここでは人の外面に現れた見栄《みば》えを指します。「史」は「記録係」という意味で、中身などはどうでもよくただ言葉だけを記録するような人間という意味です。「彬彬《ひんぴん》」とは物事がちょうどよく均質に混ざっている姿の形容です。君子であるには、中身の真情と外形の麗《うるわ》しさの両方が調和するのが必要なのです。ここには礼という語は出てきませんが、明らかに礼が念頭にある言葉です。ただ、それでは内面と外形のどちらがよりだいじかということになると、内面の方なのです。

林放《りんぽう》礼《れい》の本《もと》を問《と》ふ。子曰《しいは》く、大《だい》なるかな問《と》ひや。礼《れい》は其《そ》の奢《おご》らん与《よ》りは寧《むし》ろ倹《けん》なれ。喪《も》は其《そ》の易《をさ》めん与《よ》りは寧《むし》ろ戚《いた》め、と。（八佾《はちいつ》篇）

〔林放問礼之本。子曰、大哉問。礼与其奢也寧倹。喪与其易也寧戚。〕

林放《りんぼう》が礼の根本をたずねた。先生が言われた。「大きな質問だね。礼は豪奢《ごうしゃ》にするくらいならむしろ倹約にするのがよい。喪《も》は外形を整えるくらいならむしろ心を痛めた方がよい。」

派手にやることよりも地味に、外面を整えることよりも真情の深さを孔子は求め、それを礼の根本としたのです。人間の内面はいつのまにか外面に現れてきます。形ももちろん大事ですが、それ以上に相手に対する敬虔《けいけん》な気持ちが重要なのです。孔子は単なる形式主義者ではありませんでした。

礼に関する議論や規定やエピソードを書いた『礼記《らいき》』には、礼の精神を「敬」としています。この考えは儒教の伝統になるのですが、その考えを開いたのも孔子です。

子曰《しいは》く、上《かみ》に居《ゐ》て寛《くわん》ならず、礼《れい》を為《な》して敬《けい》せず、喪《も》に臨《のぞ》みて哀《かな》しまずんば、吾何《われなに》を以《もつ》てか之《これ》を観《み》んや、と。（八佾篇《はちいつへん》）

〔子曰、居上不寛、為礼不敬、臨喪不哀、吾何以観之哉。〕

先生が言われた。「上に立っていて包容力が無く、礼を行って敬う気持ちが無く、喪《も》にのぞんで哀しんでいなければ、私にその行いのどこを見よというのだ。」

他人に対する敬う気持ちを持つことこそが礼の精神なのです。たとえば君主と臣下と言えば、絶対的な上下関係が頭に浮かびます。ところが孔子は、君主が臣下を使う場合には礼によれと言うのです。

定公《ていこう》問《と》ふ、君《きみ》臣《しん》を使《つか》ひ、臣《しん》君《きみ》に事《つか》ふるには、之《これ》を如何《いかん》せん、と。孔子《こうし》対《こた》へて曰《いは》く、君《きみ》は臣《しん》を使《つか》ふに礼《れい》を以《もつ》てし、臣《しん》は君《きみ》に事《つか》ふるに忠《ちゅう》を以《もつ》てす、と。（八佾《はちいつ》篇）
〔定公問、君使臣、臣事君、如之何。孔子対曰、君使臣以礼、臣事君以忠。〕

定公がたずねられた。「君が臣を使い、臣が君に仕える場合は、どうしたらよいか。」孔子がお答えして言った。「君は礼によって臣を使い、臣は誠実さによって君に仕えることです。」

定公は、魯《ろ》の殿様です。この場合の「忠」とは忠義ということよりも、まことを尽くすという意味です。「忠」が忠義の意味で使われるようになるのは戦国時代の荀子《じゅんし》の時からだと言われています。臣下は君主にまことを尽くし、君主は臣下に礼を尽くせというのです。先に見たように、礼には相手に対する敬意が含まれています。君主も臣下を尊重しなければいけないのです。

なお儒教では何でも君主の命令に従っていればよいというのではなく、君主が誤っている時はそれを諫《いさ》めなければならないとします。旧中国では皇帝を諫める「諫官《かんかん》」という役職が置かれ、日本ではそのような制度こそありませんでしたが、臣下が死を賭《と》して諫めるのを美徳としていました。また君主の方にもそれを受け入れる度量が要求されたのです。儒教のことを君主の言いなりになる封建思想と断ずる人がいますが、そのような服従主義は儒教本来の精神が欠けた専制主義です。

最後に礼を強調した語をあげておきます。

> 顔淵仁《がんゑんじん》を問《と》ふ。子曰《しいは》く、己《おのれ》に克《か》ちて礼《れい》に復《ふく》すを仁《じん》と為《な》す。一日己《いちじつおのれ》に克《か》ちて礼《れい》に復《ふく》さば、

天下《てんか》仁《じん》に帰《き》す。仁《じん》を為《な》すは己《おのれ》に由《よ》り、人《ひと》に由《よ》らんや、と。顔淵曰《がんゑんいは》く、請《こ》ふ其《そ》の目《もく》を問《と》はん、と。子曰《しいは》く、非礼視《ひれいみ》ること勿《なか》れ、非礼聴《ひれいき》くこと勿《なか》れ、非礼言《ひれいい》ふこと勿《なか》れ、非礼動《ひれいうご》くこと勿《なか》れ、と。顔淵曰《がんゑんいは》く、回不敏《くわいふびん》なりと雖《いへど》も、請《こ》ふ斯《こ》の語《ご》を事《こと》とせん、と。（顔淵《がんえん》篇）

〔顔淵問仁。子曰、克己復礼為仁。一日克己復礼、天下帰仁焉。為仁由己、而由人乎哉。顔淵曰、請問其目。子曰、非礼勿視、非礼勿聴、非礼勿言、非礼勿動。顔淵曰、回雖不敏、請事斯語矣。〕

顔淵が仁についておたずねした。先生が言われた。「自分に打ち勝って礼にもどれば仁だ。みなが一日でも自分に打ち勝って礼にもどれば、天下はみな仁に帰着していく。仁を行うのは自分なので、人にしてもらうものではない。」顔淵が言った。「その実践項目をおたずねしたいのですが。」先生が言われた。「礼にはずれたものを視るな。礼にはずれたものを聞くな。礼にはずれたものを言うな。礼にはずれたことをするな。」顔淵が言った。「私は至りませんが、この語を信条とさせてください。」

この章は、自分の私欲に打ち勝ち、常にぶれずに礼に従えという教えです。ただ先に見ているように、礼を実践する際には形だけ行うのではなく常に真情がともなわなければいけないのですから、窮極的には心の問題になるはずです。それゆえ礼の実践は仁の実現につながるのです。

礼というと堅苦しいという感じがあると思います。しかし礼は体を動かしてするものなので、すなおな気持ちで行えばむしろ気持ちのよいものなのです。陽明学《ようめいがく》で有名な明《みん》の王陽明は、子どもに礼を教えると血流をよくし関節も伸びるようになると言っています（「訓蒙大意《くんもうたいい》、教読劉伯頌等《きょうどくりゅうはくしょうとう》に示す」、『伝習録《でんしゅうろく》』巻中）。つまりスポーツにも似た効果に注目しているのです。

礼の実践は、心にもないことをうわべをつくろって無理矢理するのではなく、心の中にある他者への敬意をすなおに動作にあらわすものです。自分と他人のコミュニケーションのよきツールとしてのみならず、自分自身の心と身体的実践をつなぎ合わせる手立てとしても礼を見直すべきではないでしょうか。

【第10回】　人とのつきあい方

礼の精神は、人と人の交わりの中で発揮されるものでしたが、孔子は人との距離の取り方についてもいくつかの名言を残しています。

子曰《しいは》く、君子《くんし》は和《わ》して同《どう》ぜず。小人《せうじん》は同《どう》じて和《わ》せず、と。（子路《しろ》篇）

〔子曰、君子和而不同。小人同而不和。〕

先生が言われた。「君子は、人と調和するが付和雷同《ふわらいどう》しない。小人は、付和雷同するが人と調和しない。」

似た語では次のようなものもあります。

子《し》曰《いは》く、君子《くんし》は周《しう》して比《ひ》せず、小人《せうじん》は比《ひ》して周《しう》せず、と。（為政《いせい》篇）

〔子曰、君子周而不比、小人比而不周。〕

先生が言われた。「君子は分け隔《へだ》て無く人と接して徒党を組まない。小人は徒党を組んで分け隔て無く人に接しない。」

「和」と「同」、「周」と「比」は意味が重なるところもありますが、一部異なってもいます。全く別々に用いられると似た意味になりますが、この語のように対比して用いられると異なった部分が際立つという効果を持つのです。これを漢文用語では、「対異散同《たいいさんどう》（対すれば異なり散ずれば同じ）」と言います。

孔子は人と付和雷同するのは否定しますが、協調することは重視しました。安易な妥協をしないで、しかも人と調和していく、これは大変むずかしいことです。しかしこれができれば、筋を通すときは通すが協調性も持っている立派な社会人ということになります。孔子は一人よがりを否定しました。人は社会があってこその人であり、その中でよく生きるとはいかなることかを問い続けたのです。

ただ孔子は一方では次のように他人の目を気にしないで自分の生き方を貫くことを説きました。

子曰《しいは》く、人《ひと》の己《おのれ》を知《し》らざることを患《うれ》へず。人《ひと》を知《し》らざることを患《うれ》ふるなり、と。（学而篇《がくじ》）

〔子曰、不患人之不己知。患不知人也。〕

先生が言われた。「人が自分のことを知ってくれないのを憂えない。人のことを知ってあげられないのを憂える。」

人が自分をわかってくれないのを憂えないということは繰り返し言われています。その例を列挙しておきます。

子《し》曰《いは》く、……己《おのれ》を知《し》るもの莫《な》きを患《うれ》へず、知《し》る可《べ》きを為《な》さんことを求《もと》む、と。（里仁《りじん》篇）
（先生が言われた。「……自分のことを知ってくれないのを憂えない。知ってもらえるだけのことをするのを求める。」）

子《し》曰《いは》く、人《ひと》の己《おのれ》を知《し》らざることを患《うれ》へず。其《そ》の能《よ》くせざることを患《うれ》ふるなり、と。（憲《けん》問《もん》篇）
（先生が言われた。「人が自分のことを知ってくれないのを憂えない。自分ができないことを憂う。」）

子《し》曰《いは》く、君子《くんし》能《よ》くすること無《な》きを病《うれ》ふ。人《ひと》の己《おのれ》を知《し》らざることを病《うれ》へず、と。（衛霊公《えいれいこう》篇）
（先生が言われた。「君子はできないことを苦にする。人が自分のことを知ってくれないのを苦にしない。」）

既に本書で引いた、第1回の「ただいくら学んでも人が認めてくれないこともある。それでも憤懣《ふんまん》を持たないのは、これも君子ではないか」（学而編）や、第5回の「古《いにし》えの学ぶ者は、自分の向上のために学問した。今の学ぶ者は、人に知られるために学問する」（憲問《けんもん》篇）

も、人の評価を気にすべきではないことを説く内容です。しかし孔子は次のように、学問によって徳を積んだ人は孤独にはならないとも言っているのです。

子曰《しいは》く、徳《とく》は孤《こ》ならず、必《かなら》ず隣《となりあ》有り、と。（里仁《りじん》篇）
〔子曰、徳不孤、必有隣。〕

先生が言われた。「徳は孤独ではない。必ず寄《よ》り添《そ》ってくれる人がいる。」

他人を思いやることが仁の道徳なのですから、徳を積めば、人々はそれに反応するはずなのです。自分はこれだけ徳を修めたのに人々は評価してくれないという不満を持つ人は、本当は徳を積んではいないのです。先に見たように人から評価されることを目的としてはならないのですが、同時に他人の目を通して、自分の徳が一人よがりではないかを反省しなければならないのです。このことは、本書の第6回でも見ました。

孔子は修養すれば必ずそれなりの評価を受けるものだと言います。

子曰《しいは》く、後生《こうせい》畏《おそ》る可《べ》し。焉《いづくん》ぞ来者《らいしゃ》の今《いま》に如《し》ざるを知《し》らんや。四十五十《しじふごじふ》にして聞《きこ》ゆること無《な》きは、斯亦《これまた》畏《おそ》るるに足《た》らざるのみ、と。（子罕《しかん》篇）
〔子曰、後生可畏。焉知来者之不如今也。四十五十而無聞焉、斯亦不足畏也已。〕

先生が言われた。「次の世代に対しても畏怖《いふ》すべきである。どうしてこれから来る者が今に及ばないことがわかろうか。もっとも四十歳、五十歳になって名が知られることが無いのであれば、畏怖するには足りない。」

「後生畏《こうせいおそ》るべし」ということわざはここから出ています。このことは裏から言えば、次のような言葉になります。

子曰《しいは》く、年四十《とししじふ》にして悪《にく》まるれば、其《そ》れ終《おは》るのみ、と。（陽貨《ようか》篇）

〔子曰、年四十而見悪焉、其終也已。〕

先生が言われた。「四十歳になって憎まれるようでは終わりだね。」

人望はやはり大事なのです。悲しいことですが、どんな人格者でも敵はできてしまうもので、聖人賢者ですらそうです。孔子を妬《ねた》んだり憎んだりする人は当時いました。しかし孔子はあえてこのように言ったのは、徳を積めば「隣《となり》有り」になるという確信があったからです。

孔子は交友関係についていくつもの言葉を残しています。その中には次のような語もあります。

己《おのれ》に如《し》かざる者《もの》を友《とも》とすること無《な》かれ。（学而《がくじ》篇、子罕《しかん》篇）

〔無友不如己者。〕

自分に及ばない者を友にするな。

これはしばしば誤解されているようなエリート主義から発せられた言葉ではありません。自分以下だと思っている人間を友とするというのは、自分の優越感に根ざしたものなので、平等な朋友関係ではないのです。相手がいわゆる「遊び友達」だったとしても、どこか敬意を払える部分が必要です。孔子は「有益な友人の三つのタイプ（益者三友《えきしゃさんゆう》）」、「有害な友人の三つのタイプ（損者三友《そんしゃさんゆう》）」をあげることもあります。前者は正直な者、まじめな者、博識な者、後者はみせかけの者、迎合する者、へつらう者です（季氏《きし》篇）。孔子は具体的な友人交際法を説いています。

子貢《しこう》友《とも》を問《と》ふ。子曰《しいは》く、忠告《ちゆうこく》して善《よ》く之《これ》を道《みちび》き、不可《ふか》なれば則《すなは》ち止《や》む。自《みづか》ら辱《はづかし》めらるること無《な》し、と。（顔淵《がんえん》篇）

〔子貢問友。子曰、忠告而善道之。不可則止。無自辱焉。〕

子貢が友情について質問した。先生が言われた。「心から忠告してよい方向に導いてあげる。うまくいかなければやめる。そうすれば恥ずかしい思いをすることは無い。」

相手が聞かなければやめておくというのは、伊藤仁斎たちの解釈では、無理強いしないで、相手が反省するようになるのを待つということです。つまり自分の文脈で性急に事を運んでも、自己満足に終わり、交友関係も破綻するだけなのです。なお孔子の弟子の子游《しゆう》もこう言っています。

子游《しいう》曰《いは》く、君《きみ》に事《つか》へて数《しばしば》すれば、斯《ここ》に辱《はづかし》めらる。朋友《ほういう》に数《しばしば》すれば、斯《ここ》に疏《うと》んぜらる、と。(里仁《りじん》篇)
〔子游曰、事君数、斯辱矣。朋友数、斯疏矣。〕

子游《しゆう》が言った。「君に仕えてしつこくすれば、辱《はずかし》めを受ける羽目《はめ》になる。朋友にしつこくすれば、いやがられる羽目になる。」

これなどは、きわめて具体的な交友関係についての忠告といえるでしょう。

そもそも孔子は人にばかり要求する人間ではありません。人には寛容、自分には厳しくすることを説いています。次の二つの章をごらんください。

子《し》曰《いは》く、君子《くんし》は諸《これ》を己《おのれ》に求《もと》め、小人《せうじん》は諸《これ》を人《ひと》に求《もと》む、と。（衛霊公《えいれいこう》篇）

〔子曰、君子求諸己。小人求諸人。〕

先生が言われた。「君子は自分を反省するが、小人（くだらない人）は人を追求する。」

子《し》曰《いは》く、躬《み》自《みづか》ら厚《あつ》くして、人《ひと》を責《せ》むるに薄《うす》ければ、則《すなは》ち怨《うらみ》に遠《とほ》ざかる、と。（衛霊公《えいれいこう》篇）

〔子曰、躬自厚、而薄責於人、則遠怨矣。〕

先生が言われた。「自分に対しては深く反省して、人を責めるのが寛容であれば、怨《うらみ》を残

すことから遠ざかる。」

孔子の人との交際法のポイントは、二つの姿勢の調和にあります。一つの姿勢は、自分の内面の純粋性や道徳性をひたすら問題にし、他人の目を意識したりはしないというものです。そしてもう一つの姿勢は、ひとりよがりにならず人との調和をはかるといものです。いくら自分が正しいと信じていても、軽々しく人にそれを押しつけ、人との調和を乱すことは避けます。また同時に人とのつきあいばかり考え、自分の信ずる道からはずれることも拒否するのです。つまり二つ姿勢のぎりぎりの調和が、孔子が説く人とのつきあい方なのです。「自立」と「他人との調和」の両立を全うできれば、その人物は人々の模範となるでしょう。

【第11回】　孔子と音楽

ここで音楽を取り上げるのは、先に見た礼と並べて「礼楽《れいがく》」と言われるように、儒教では礼を補佐する重要なものだからです。礼が規範を守る固いものであるのに対して、音楽は他者と調和するもので、両者があいまって秩序と調和の両方のバランスが取れるとされ、特に集団で行う儀礼では音楽は必須でした。孔子もかかる考えを持っていました。音楽は単なる娯楽以上の道徳的な意味があったのです。

しかし孔子は理屈で音楽を重視したというよりも、本当に音楽そのものが好きだったようです。次の語をご覧ください。

子《し》斉《せい》に在《あ》りて韶《せう》を聞《き》くに、三月肉《さんげつにく》の味《あぢ》を知《し》らず。曰《いは》く、図《はか》らざりき、楽《がく》を為《な》すことの斯《ここ》に至《いた》らんとは、と。（述而篇《じゅつじ》）

〔子在斉聞韶、三月不知肉味。曰、不図為楽之至於斯也。〕

生が斉《せい》にいて韶《しょう》の音楽を聞いてから三箇月《さんかげつ》の間は肉を食べても味がわからないほどであった。そして言われた。「予想しなかったよ、音楽を演奏することがここにまでになるとは。」

孔子は斉の国で韶という音楽を聞いた時、感動のあまり、三箇月の間も肉を食べてもその味がしなくなったほどだったというのです。ずっと音楽の余韻《よいん》にひたっていたのでしょう。この韶という曲は、古代の聖王の舜《しゅん》の音楽と言われています。舜は伝説上の人物ですので、韶の作者というのはありえない話なのですが、そのように伝えられるほどの荘厳な曲だったのかもしれません。この曲のすばらしさを孔子はこうも言ってます。

子《し》韶《せう》を謂《い》ふ。美《び》を尽《つ》くせり。又善《またぜん》を尽《つ》くせるなり、と。武《ぶ》を謂《い》ふ、美《び》を尽《つ》くせり。未《いま》だ善《ぜん》を尽《つ》くさざるなり、と。（八佾篇《はちいつ》）

〔子謂韶、尽美矣。又尽善也。謂武、尽美矣。未尽善也。〕

先生は韶《しょう》の音楽について言われた。「美を尽くしている。そのうえ善を尽くしている。」武の音楽について言われた。「美を尽くしている。しかしまだ善は尽くしていない。」

ここでは「韶」と「武」という二つの曲を比較しています。「武」とは、周の武王の音楽です。孔子は、舜《しゅん》の音楽の方を武王の音楽よりも評価しています。これは音楽そのものがそうだったのでしょうが、理屈をつけるとしたら、平和裏《へいわり》に高徳の禹《う》に位を譲った舜の音楽と、いくら暴虐だったにせよ、主君の紂を武力で打ち倒した武王の音楽とでは、舜の音楽の方に軍配をあげたということなのでしょう。孔子が音楽について感動した言葉をもう一つあげましょう。

子曰《しいは》く、師摯《しし》の始《はじめ》、関雎《くわんしよ》の乱《らん》は、洋洋乎《やうやうこ》として耳《みみ》に盈《み》てるかな、と。（泰伯《たいはく》篇）

〔子曰、師摯之始、関雎之乱、洋洋乎盈耳哉。〕

先生が言われた。「音楽長官の摯《し》の奏《かな》でる出だしと、最後に歌われる関雎《かんしょ》の終章は、美しくひろびろと耳に満ちあふれるね。」

「師摯の始、関雎の乱」の箇所の解釈はいろいろとあり、決定版は無いといってよいほどです。南宋《なんそう》の朱子《しゅし》などは、「摯が楽師になりたての時に演奏した曲の終りに歌われる関雎」という意味に取っています。いずれにしてもこういった曲を聞いた孔子が言った語が「洋洋《ようよう》乎《こ》として耳に盈《み》てるかな」なのです。音楽のもたらす感動をこれほどみごとに表した言葉は稀《まれ》ではないでしょうか。

この「関雎」というのは『詩経』の最初にのっている詩です。ただこの詩の本来の意味は、若君《わかぎみ》が若い女性を求めているといったことらしく、あまり道徳的な内容ではありません。出だしは次のとおりです。

関関《くわんくわん》たる雎鳩《しょきう》は、河《かは》の洲《す》に在《あ》り、窈窕《えうてう》たる淑女《しゆくぢよ》は、君子《くんし》の好逑《かうきう》。（『詩経』周南・関雎《かんしょ》）

〔関関雎鳩、在河之洲。窈窕淑女、君子好逑。〕

カンカンと鳴くみさごが河の中洲《なかす》にいる。たおやかな娘は殿方のよきつれあい。

みさご（雎鳩）は鳶《とび》のような猛禽《もうきん》で、河の中の魚をねらっているのですが、それを男が娘を求めているというのに引っかけているのです。しかし儒教ではこのような意味では困るので、道徳的にこじつけて解釈してきました。古代の『毛伝《もうでん》』という『詩経』の注では、雎鳩《しょきゅう》を仲がよいが節度を持っている鳥であるとし、この詩は皇后が王のためによき側室を求めたことを詠《えい》じたもので、嫉妬《しっと》しない婦徳が現れているとしています。朱子も、徳の高い文王が聖女である太姒《たいじ》を奥方にしてむつまじい中にも節度のある理想的婚姻をしたことをことほいだ詩であると言っています。孔子はこの関雎について、こうも言っています。

子曰《しいは》く、関雎《かわんしょ》は楽《たの》しめども淫《いん》せず、哀《かな》しめども傷《やぶ》らず、と。（八佾篇《はちいつ》）

〔子曰、関雎楽而不淫、哀而不傷。〕

先生が言われた。『関雎』の詩は、楽しいが節度がある。悲しいが破綻《はたん》が無い。」

「楽しい」方はともかくも、この詩のどこが「哀しい」のかはっきりしません。皇后が立派な女性を王に引き合わせられないのを悲しく思うとか、よい皇后候補が得られないのを悩むという解釈もありますが、あまりにも不自然です。江戸時代の荻生徂徠《おぎゅうそらい》は、孔子が感動したのは歌詞ではなくて曲の方だったと言っています。『論語』の中で孔子がほめている音楽は舜や武王といった王者のものですので、あるいは孔子は武王の父である文王の詩と見て、天下の三分の二を治めながら暴君の紂《ちゅう》に放逐《ほうちく》され、それでも紂に仕え続けた文王の喜びと悲しみを歌ったものと思っていたのかもしれません。あくまでも勝手な推測ですが、関雎が周の国の詩であるのと、本書の第14回でも触れますが、『論語』の中で孔子たちは詩の内容をもとの文脈から離れてかなり自由に解釈していますので。

ともかく孔子は音楽に率直に感動していたのです。以前、中国の戦国時代の中山国の墓から古代の楽器のセットがそのままの姿で発見され、その精巧な複製品による演奏会が東京国立博物館で催されたことがありました。私はそれを聞きに行き、合奏の雄大さ荘重さに驚きました。鐘《かね》を大きさの順に並べた編鐘《へんしょう》という楽器などは、澄んだ高音から腹に響くような低音まで音量十分で、文字通り「洋洋乎《ようようこ》として耳に盈《み》てるかな」でした。中国の広大な大地でこれが奏《かな》でられた時は、さぞかし無限の音の広がりが聞く者を圧倒したことでしょう。

孔子は音楽に深い造詣を持っていました。それが次の語によく出ています。

子《し》魯《ろ》の大師《たいし》に楽《がく》を語《かた》りて曰《いは》く、楽《がく》は其《そ》れ知《し》る可《べ》きなり。始《はじ》め作《おこ》すに、翕如《きふじよ》たり、之《これ》を従《はな》つに、純如《じゅんじょ》たり、皦如《けうじよ》たり、繹如《えきじよ》たり。以《もっ》て成《な》る、と。（八佾《はちいつ》篇）

〔子語魯大師楽曰、楽其可知也。始作、翕如也。従之、純如也、皦如也、繹如也。以成。〕

先生が魯の音楽長官に音楽を説明した。「音楽は（複雑ですが）、基本的なことはわかることができます。出だしは合奏します。展開は、調和しながらも、各音が明晰《めいせき》で、連綿と続きます。それで音楽として成り立ちます。」

「大師」は音楽係の長官で演奏の指揮をします。専門の音楽家に対して説明をするほどの音楽についての知識を孔子は持っていたのです。

孔子の考えた文化とは、深く美しいものでした。また先に引いた孔子が音楽について語った言葉を見ると、孔子が単に四角四面の道徳家ではなく、音楽に感動する豊かな情感を持っていたこともわかります。このような孔子の感性がその思想にいっそうの深みと味わいをあたえているのです。

【第12回】 政治はどうあるべきか

儒教は個人の修養と理想的政治の実現を説きます。そこでここから政治の話に移りましょう。孔子には次の有名な語があります。

子曰《しいは》く、民《たみ》は之《これ》に由《よ》らしむ可《べ》し。之《これ》に知《し》らしむ可《べ》からず、と。（泰伯《たいはく》篇）

〔子曰、民可使由之。不可使知之。〕

この語は実は何通りにも訳すことができます。そのうちの三つをあげておきましょう。

一、民は、つき従わせるべきであり、わからせてはならない。

二、民は導けば何とか従わせることはできる。しかしわからせることまではできない。

三、民が自然に従ってくるようになるのがよいのであり、民に政治を意識させるようではいけない。

一の解釈から孔子には愚民観があったなどと批判されたりしてきました。しかし二の解釈ならば、民にはなかなか真意をわかってもらえないという嘆きの言葉になりますし、三の解釈であれば、政治を意識させない自然体の政治こそが理想の政治だという話になります。私はこのうちのどれが正解か確言できません。この語は簡単に意味を決し難い語なのですが、いずれにしてもこの言葉をもとにして孔子を愚民観の持ち主だと即断はできないのです。

孔子の基本的な立場は、徳治主義《とくちしゅぎ》です。この徳治主義とは徳で人を治める政治ということで、法律で人を規制する法治主義と対立します。なおここでいう法治主義とは、近代の法治主義とは異なります。近代の法治主義とは、統治者が恣意的《しいてき》に政治を執《と》ることの影響を抑《おさ》え、法律の前には人々が平等であるようにするというものですが、ここの法治主義とは法によって民衆を上から規制し社会的安定を求める思想のことを言います。徳治主義と法治主義の差は次の語によく現れています。

子曰《しいは》く、之《これ》を道《みちび》くに政《せい》を以《もっ》てし、之《これ》を斉《ととの》ふるに刑《けい》を以《もっ》てすれば、民免《たみまぬが》れて恥《はづ》ること無《な》し。之《これ》を道《みちび》くに徳《とく》を以《もっ》てし、之《これ》を斉《ととの》ふるに礼《れい》を以《もっ》てすれば、恥《はづ》ること有《あ》りて且《か》つ格《いた》る、と。（為政《いせい》篇）

〔子曰、道之以政、斉之以刑、民免而無恥。道之以徳、斉之以礼、有恥且格。〕

先生が言われた。「民を政治で先導し、刑罰によって統率《とうそつ》すれば、民はそれから逃れようとし、それでも恥じることが無い。民を徳によって先導し、礼によって統率すれば、民は恥じることを知り、しかも逃れずに付《つ》き従ってくる。」

徳で統治すれば、民衆は廉恥心《れんちしん》を持つようになり、自主的に自己規制をするのです。法による取り締まりをすると、人々はそれを逃れればよいという考えに陥《おちい》りがちになります。孔子は徳によって人々の善心を呼び覚ます政治を主張したのです。孔子は次のようにあくまでも人々の善心を信頼します。

季《き》康《かう》子《し》 政《せい》を孔《こう》子《し》に問《と》ひて曰《いは》く、如《も》し無《む》道《だう》な者《もの》を殺《ころ》して、有《いう》道《だう》を就《な》せば、何《い》如《かん》、と。孔《こう》子《し》対《こた》へて曰《いは》く、子《し》 政《せい》を為《な》すに、焉《いづくん》ぞ殺《ころ》すことを用《もち》ひん。子《し》 善《ぜん》を欲《ほっ》して、民《たみ》善《ぜん》なり。君《くん》子《し》の徳《とく》は風《かぜ》なり、小《せう》人《じん》の徳《とく》は草《くさ》なり。草《くさ》 之《これ》に風《かぜ》を上《くは》ふれば必《かなら》ず偃《ふ》す、と。（顔《がん》淵《えん》篇）

〔季康子問政於孔子曰、如殺無道、以就有道、何如。孔子対曰、子為政、焉用殺。子欲善、而民善矣。君子之徳風、小人之徳草。草上之風必偃。〕

季康子が政治について孔子に質問して言った。「もし道にはずれた人間を殺して、道を体得した者を盛り立てれば、どうか。」孔子がお答えして言った。「あなたが政治を行うのに、どうして殺人を用いるのですか。あなたが善を望めば、民は善になるのです。君子の持ち前は風のようなもの、小人の持ち前は草のようなものです。草に風が吹けば、必ずなびきます。」

文中の「君子」は為政者、「小人」は民衆という意味です。ここには孔子の人命尊重の姿勢があらわれていて興味深いのですが、それはともかく、人間が道徳性を持っているからこそ、為政者が道徳的政治を行うと民衆はそれに共鳴し、共振《きょうしん》していくのです。

孔子が言うには、為政者はまず正しくあるべきで、それでこそ人々は正しくなるのです。

季康子《きこうし》 政《せい》を孔子《こうし》に問《と》ふ。孔子《こうし》対《こた》へて曰《いは》く、政《せい》は正《せい》なり。子帥《しひき》ゐるに正《せい》を以《もつ》てせば、孰《たれ》か敢《あへ》て正《ただ》しからざらん、と。（顔淵《がんえん》篇）

〔季康子問政於孔子。孔子対曰、政者正也。子帥以正、孰敢不正。〕

季康子が政治について孔子にたずねた。孔子がお答えして言った。「政治は、正すことです。あなたがみずからの正しさで統率なされたなら、誰が正しくないでおられましょうか。」

「政」を同音の「正」で説明しています。政治に携《たずさ》わるものは身を正せということは子路《しろ》篇でも二箇所で言っています。

そして為政者が最も重んずるものは「信」です。

子貢《しこう》政《せい》を問《と》ふ。子曰《しいは》く、食《しょく》を足《た》し、兵《へい》を足《た》し、民《たみ》は之《これ》を信《しん》にす、と。子貢曰《しこういは》く、必《かなら》ず已《や》むを得《え》ずして去《さ》らば、斯《こ》の三者《さんしゃ》に於《お》いて何《いづ》れをか先《さき》にせん、と。曰《いは》く、兵《へい》を去《さ》らん、と。子貢曰《しこういは》く、必《かなら》ず已《や》むを得《え》ずして去《さ》らば、斯《こ》の二者《にしゃ》に於《お》いて何《いづ》れをか先《さき》にせん、と。曰《いは》く、食《しょく》を去《さ》らん。古《いにしへ》自《よ》り皆《みな》死《し》有り。民信《たみしん》無《な》くんば立《た》たず、と。（顔淵篇《がんえんへん》）

〔子貢問政。子曰、足食、足兵、民信之矣。子貢曰、必不得已而去、於斯三者何先。曰、去兵。子貢曰、必不得已而去、於斯二者何先。曰、去食。自古皆有死。民無信不立。〕

子貢が政治についておたずねした。先生が言われた。「食料を充足させ、軍備を充足させ、人民を信義に厚くすることだ。」子貢が言った。「どうしてもやむをえなく捨てなければならない場合は、この三者の中でどれを先にしますか。」先生が言われた。「軍備を捨てよう。」子貢が言った。「どうしてもやむをえなく捨てなければならない場合は、この二者の中でどれを先にしますか。」先生が言われた。「食料を捨てよう。昔からみな人はいつかは死ぬものだ。しかし人民に信義が無ければ全てが立ちゆかない。」

孔子は軍事よりも民生を、民生よりも誠実さにもとづいた信頼を重んじたのです。いくら経済的に豊かになっても精神的な支えが無ければ内政は混乱し、軍事力をつけても無用な戦争を繰り返すことになるばかりです。

ただ次の語などには上下関係を厳しく守ることが重視されているように見えます。

斉《せい》の景公《けいこう》政《せい》を孔子《こうし》に問《と》ふ。孔子《こうし》対《こた》へて曰《いは》く、君君《きみきみ》たり、臣臣《しんしん》たり、父父《ちちちち》たり、子子《ここ》たり、と。公曰《こういは》く、善《よ》きかな。信《まこと》に如《も》し君君《きみきみ》たらず、臣臣《しんしん》たらず、父父《ちちちち》たらず、子子《ここ》たらざれば、粟《ぞく》有《あ》りと雖《いへど》も、吾《われ》得《え》て諸《これ》を食《くら》はんや、と。（顔淵《がんえん》篇）

〔斉景公問政於孔子。孔子対曰、君君、臣臣、父父、子子。公曰、善哉。信如君不君、臣不臣、父不父、子不子、雖有粟、吾得而食諸。〕

斉《せい》の景公が政治について孔子にたずねた。孔子がお答えして言った。「君は君らしく、臣は臣らしく、父は父らしく、子は子らしくすることです。」公が言った。「すばらしい。まことに君が君らしくなく、臣が臣らしくなく、父が父らしくなく、子が子らしくなければ、穀

物があっても、私はこれを食べることができようか。」

斉は大国だったのですが家老が専権を振るうようになっていたので、その君主の景公に対して孔子はことさら道徳的秩序を強調したのかもしれません。臣下や子どもが臣下や子どもらしくあるとともに、君主や父親も君主や父親の務めをなすべきであるということが重要です。

孔子は政治についての具体的建言もしています。特に重要なのは人材登用ですが（子路《しろ》篇など）、それ以外にも、事業の無駄を省くとか民を使役する場合は負担《ふたん》が少ない農閑期《のうかんき》を選べといった類（学而《がくじ》篇）があります。抽象的な議論や心構えだけに終始していたわけではないのです。

ところで孔子のような道徳主義は堅苦しくなるかと言えば、そうではありません。次の語をご覧ください。

葉公《せふこう》政《せい》を問《と》ふ。子《し》曰《いは》く、近《ちか》き者《もの》説《よろこ》び、遠《とほ》き者《もの》来《きた》る、と。（子路《しろ》篇）

〔葉公問政。子曰、近者説、遠者来。〕

葉公が政治をたずねた。先生が言われた。「身近な者が喜んでくれ、遠い地の者がやってきてくれることです。」

国民が喜び、外国人がうらやましく思う国家を理想としていることがわかります。孔子は具体的な諸侯の統治に対して「用《よう》を節《せつ》して人《ひと》を愛《あい》し（事業の無駄を省き人々を大事にし）」（学《がく》而《じ》篇）ということを求めていますが、「人を愛す」ことによって人々がなついてくれることこそ、あるべき政治の姿なのです。米沢《よねざわ》の上杉鷹山《うえすぎようざん》など江戸時代の名君たちは「仁政《じんせい》」を行い民に慕《した》われました。「仁政」という語は『孟子』に何回も出てきます。これは孔子の仁愛による政治という理念の継承なのです。
最後に美しい星の比喩《ひゆ》で語られている徳治政治の姿をあげておきます。なお文中の「共《きょう》す」とは、「拱手《きょうしゅ》」、つまり両手を胸の前で組んで拝礼することです。

子曰《しいは》く、政《せい》を為《な》すに徳《とく》を以《もっ》てすれば、譬《たと》へば北辰《ほくしん》の其《そ》の所《ところ》に居《ゐ》て、衆星之《しゅうせいこれ》に共《きょう》するが如《ごと》し、と。（為政《いせい》篇）
〔子曰、為政以徳、譬如北辰居其所、而衆星共之。〕

先生が言われた。「徳によって政治を行えば、それはたとえば、北極星がその場所に位置して、星々が旋回《せんかい》しながらそれを拝礼するようなものだ。」

【第13回】 政治家としての孔子

前回は孔子の政治理念について書きましたが、今回は孔子がどのような政治的実践を行ったかに焦点をあてたいと思います。孔子は単なる学者や思想家ではありませんでした。自分の政治的理想を実現しようとした実践の人です。孔子が夢見たのは周の王朝が本来持っていたはずの輝ける政治と文化の再生でした。孔子の生きた時代は後世「春秋時代」と呼ばれていますが、この春秋時代もまだ周の王家はあったのです。ただ既に力を失い、諸侯が勝手なことを始めていました。孔子のいた魯《ろ》の国は周王朝の文化や制度を作った周公（武王の弟）が封《ほう》ぜられた国で、最も周の文化を伝える国でした、孔子は何とかその文化を天下に広めたいと願いました。孔子が周公に熱い思いを持っていたことは、次の有名な語が伝えています。

子《し》曰《いは》く、甚《はなは》だしきかな、吾《われ》の衰《おとろ》へたるや。久《ひさ》しきかな、吾復夢《われまたゆめ》に周公《しゅうこう》を見《み》ず、と。

〔子曰、甚矣、吾衰也。久矣、吾不復夢見周公。〕
（述而篇《じゅつじ》）

先生が言われた。「甚だしいね、私が衰えたのは。長いことだね、私が昔のように周公を夢に見なくなってからは。」

孔子は魯の国だけが栄えればよいと思っていたのではなく、世界中の平和を考えていたのです。

孔子は、まず家老の季孫子《きそんし》の財務吏員、次に魯の国の家畜係となり、それから出世し、魯の国の司寇《しこう》（司法長官、文献によっては大司寇、つまり司法大臣）にまでなりました。そして政治にも関わるようになったのです。しかし魯の国は孟孫子《もうそんし》、仲孫子、季孫子という三つの家老の家が殿様を差し置いて勝手放題なことをやり、孔子の政治的理想はかなえられる状況ではありませんでした。そこで孔子は魯を離れ、諸国をめぐり自分の理想を説きました。一時は話を聞いてくれる殿様もいましたが、結局どこでも採用されず、最後に故国にもどり弟子たちを教育をしながら生涯を終えたのです。その孔子を誘った謀反人もいました。

公山弗擾《こうざんふつぜう》費《ひ》を以《もつ》て畔《そむ》く。召《め》す。子《し》往《ゆ》かんと欲《ほつ》す。子路《しろ》説《よろこ》ばず、曰《いは》く、之《ゆ》くこと末《な》きのみ。何《なん》ぞ必《かなら》ずしも公山氏《こうざんし》に之《これ》之《ゆ》かん、と。子《し》曰《いは》く、夫《そ》れ我《われ》を召《め》す者《もの》にして、豈《あに》徒《いたづら》ならんや。如《も》し我《われ》を用《もち》ふる者《もの》有《あ》らば、吾《われ》其《そ》れ東周《とうしう》を為《な》さんか、と。（陽貨《ようか》篇）

〔公山弗擾以費畔。召。子欲往。子路不説、曰、末之也已。何必公山氏之之也。子曰、夫召我者、而豈徒哉。如有用我者、吾其為東周乎。〕

公山弗擾《こうざんふつじょう》が費《ひ》を拠点にして謀反《むほん》を起こした。その時に先生を招聘《しょうへい》した。先生は行こうとした。子路はそれを喜ばないで、こう言った。「行くには及びません。どうして公山氏のもとに行く必要があるのですか。」先生が言われた。「私を招くというからには、どうして無意味な話であろうか。もし私を登用してくれる者がいれば、私は東方の周王朝を実現してみようか。」

弟子の子路が、孔子が謀反人のもとに行くことに不快感を示しましたのに対して、孔子は私に全権委任してくれるならば、私は東の地に理想的な周のような国、あるいは周の王家を補佐する国を作ってみようと答えたのです。「東周」というのは、魯は東方にありますので、この地に理想的な国を建てたかったのでしょう。なおこの話の信憑性《しんぴょうせい》を疑ったり、公山弗擾は謀反人ではなかったという見方もあることを付言しておきます。

これと類似するものに中牟《ちゅうぼう》という土地を拠点に謀反を起こした佛肸《ひつきつ》という人物が孔子を招いたという事件があります。（もっとも佛肸が謀反人かについても異説があります。）孔子はその誘いにのろうとしたところ、またもや子路が疑念を呈しました。子路は純情な豪傑で、孔子を人一倍敬愛していましたが、その分率直に孔子にものを言う弟子でした。それに対して孔子はこう答えています。

吾《われ》豈《あに》匏瓜《はうくわ》ならんや。焉《いづくん》ぞ能《よ》く繋《かか》りて食《くら》はれざらん。（陽貨《ようか》篇）

〔吾豈匏瓜也哉。焉能繋而不食。〕

私は苦瓜《にがうり》であろうか。せっかく一箇所にぶらさがっていられるのにどうして食べてもらえないでよいものか。

孔子は、自分を必要とする者のために役に立ちたいのだと言ったのです。孔子が就職に積極的であったことは、次の語にも現れています。

子貢曰《しこういは》く、斯《ここ》に美玉《びぎよく》有《あ》り。匵《とく》に韞《をさ》めて諸《これ》を蔵《ざう》せんか。善《よ》き賈《か》を求《もと》めて諸《これ》を沽《う》らんか、と。子曰《しいは》く、之《これ》を沽《う》らんかな。之《これ》を沽《う》らんかな。我《われ》は賈《か》を待《ま》つ者《もの》なり、と。（子罕《しかん》篇）

〔子貢曰、有美玉於斯。韞匵而蔵諸。求善賈而沽諸。子曰、沽之哉。沽之哉。我待賈者也。〕

子貢が言った。「ここに美玉があったとします。それを箱に入れて保存してきますか。よい値段がつくのを待って売りますか。」先生が言われた。「売ろうか。売ろうか。私はよい値《ね》段《だん》がつくのを待っているのだよ。」

やり手で秀才の弟子の子貢は、比喩《ひゆ》を使って孔子に就職願望があるか探《さぐ》りを入れたのです。孔子はそれを察し、その通りだ、私は私を採用してくれる人間を待っているのだと答えたのです。

遊歴中の孔子が弟子とはぐれた時の様子は「喪家《そうか》の狗《いぬ》」のようであったといいます（『史記』孔子世家《こうしせいか》）。「喪家の狗」とは、飼われていた家が葬式を出すことになり全くかまってくれずにやつれた狗、ということです。時には旅の途中に迫害を受けることもありました。

陳《ちん》に在《あ》りて糧《りやう》絶《た》ゆ。従者《じゆうしや》病《や》みて能《よ》く興《た》つ莫《な》し。子路《しろ》慍《いか》り見《まみ》えて曰《いは》く、君子《くんし》も亦《また》窮《きゆう》すること有《あ》るか、と。子《し》曰《いは》く、君子《くんし》固《もと》より窮《きゆう》す。小人《せうじん》窮《きゆう》すれば斯《ここ》に濫《みだ》る、と。（衛霊公《えいれいこう》篇）

〔在陳絶糧。従者病莫能興。子路慍見曰、君子亦有窮乎。子曰、君子固窮。小人窮斯濫矣。〕

陳で食料が無くなった。従者も病んで動けなくなった。子路はいらだって孔子にまみえて言った。「君子も窮地に陥《おちい》ることがあるのですか。」先生が言われた。「君子だってもとより窮地に陥ることがあるよ。ただ小人は窮地に陥るとすぐに取り乱すがね。」

ここでも子路が孔子に面と向かって言いにくいことを言っていますが、孔子はその質問に怒らずきちんと応答しています。師弟ともに苦労しながらも旅を続けていったのですが、次の話は、弟子たちを励ました人の言葉です。

儀《ぎ》の封人《ほうじん》見《まみ》えんことを請《こ》ふ。曰《いは》く、君子《くんし》の斯《ここ》に至《いた》るや、吾《われ》未《いま》だ嘗《かつ》て見《まみ》ゆることを得《え》ずんばあらざるなり、と。従者《じゅうしゃ》之《これ》を見《まみ》えしむ。出《い》でて曰《いは》く、二三子《にさんし》何《なん》ぞ喪《うしな》ふことを患《うれ》へんや。天下《てんか》の道《みち》無《な》きや久《ひさ》し。天将《てんまさ》に夫子《ふうし》を以《もっ》て木鐸《ぼくたく》と為《な》さんとす、と。（八佾《はちいつ》篇）

〔儀封人請見。曰、君子之至於斯也、吾未嘗不得見也。従者見之。出曰、二三子何患於喪乎。天下之無道也久矣。天将以夫子為木鐸。〕

儀の村の国境管理人が面会を求めた。そしてこのように言ってきた。「君子がここに来て、私はお会いできなかったことはありませんでした。」従者はそこで孔子が会わせた。その管理人は出で来て言った。「あなたがたはどうして先生が落魄《らくはく》していることを憂えるに及びま

しょうか。天下に道が無くなって長くたちます。天は先生を天下を教化する木鐸《ぼくたく》としようとしているのです。」

「木鐸」とは、木の舌を持つ金属製の鈴で、法令を民に知らせる時などにこれを鳴らしました。「天下の木鐸」という言葉がありますが、天下に警鐘を鳴らし導く人という意味で、この箇所が典拠になっています。

政治の場で自分の理想を実現しようとする孔子の熱意には驚くほどのものがありましたが、結局その望みを遂《と》げることはできませんでした。孔子を失敗した政客と見なす見方は以前からあります。しかし泥にまみれても自分の理想の実現に邁進《まいしん》した人物こそ孔子です。中島敦《あつし》は、子路と孔子の師弟の情を描いた名高い小説の中で、遊説《ゆうぜい》して諸国を遍歴する孔子一行のことをこのように書いています。

乏《とぼ》しくとも常に明るく、苦しくとも望《のぞみ》を捨《す》てない。まことに不思議な一行であった。

（『弟子』）

【第14回】 勉強の心がまえ

日本を代表する評論家の小林秀雄は学生に対し、質問をすることの重要さをこのように言っています。

本当にうまく質問ができたら、もう答えはいらないのですよ。……この難しい人生に向かって、答えを出すこと、解決をあたえることはおそらくできない。ただ正しく訊《き》くことはできる」（『学生との対話』）。

小林は孔子の教育を高く評価していました。弟子たちに全身で質問をさせる、そこに教育があると小林も孔子も思っていたのです。孔子はこう言っています。

子曰《しいは》く、之《これ》を如何《いかん》せん、之《これ》を如何《いかん》せんと曰《い》はざる者《もの》は、吾之《われこれ》を如何《いかん》ともすること末《な》きのみ、と。（衛霊公《えいれいこう》篇）

〔子曰、不曰如之何、如之何者、吾末如之何也已矣。〕

先生が言われた。「どうしましょうか、どうしましょうかと言わない者を、私はどうしてあげようもないね。」

「如何」という語は、「どのように対処しようか」という自問自答の意味が普通ですが、この語の場合は「どうでしょうか」と先生に質問するという意味だと荻生徂徠《おぎゅうそらい》は言っています。自問自答であれ、先生への質問であれ、いずれにしても一生懸命に問う姿勢が無い者は指導できないねと孔子は言っているのです。孔子はこうも言っています。

子曰《しいは》く、憤《ふん》せざれば啓《けい》せず。悱《ひ》せざれば発《はっ》せず。一隅《いちぐう》を挙《あ》ぐるに、三隅《さんぐう》を以《もっ》て反《はん》せざれば、則《すなは》ち復《ふたたび》せざるなり、と。（述而《じゅつじ》篇）

〔子曰、不憤不啓。不悱不発。挙一隅、不以三隅反、則不復也。〕

先生が言われた。「意欲が盛り上がっていなければ啓発しない。心があまって言葉にならないくらいでなければ言えるように導かない。一つの隅《すみ》を指《さ》し示せば他の三つの隅まで見通して返事してこなければ、ふたたび指し示さない。」

弟子自身が内面に盛り上がるものを持ち、外に溢《あふ》れんばかりになってこそ、先生は導いてあげられるということです。つまりその人が全身で考えて疑問を持てるようになってこそ、教師は出番があるのです。

このような教育の具体的例は次に見えます。

子貢《しこう》曰《いは》く、貧《まづ》しくして諂《へつら》ふこと無《な》く、富《と》みて驕《おご》ること無《な》きは、何如《いかん》、と。子《し》曰《いは》く、可《か》なり。未《いま》だ貧《まづ》しくして楽《たのし》み、富《と》みて礼《れい》を好《この》む者《もの》には若《し》かざるなり、と。子貢《しこう》曰《いは》く、詩《し》に云《い》ふ、切《せつ》するが如《ごと》く磋《さ》するが如《ごと》く、琢《たく》するが如《ごと》く磨《ま》するが如《ごと》しと、其《そ》れ斯《これ》の謂《いひ》か、と。

子曰《しいは》く、賜《し》や、始《はじ》めて与《とも》に詩《し》を言《い》ふ可《べ》きのみ。諸《これ》に往《わう》を告《つ》げて来《らい》を知る者《しもの》なり、と。

（学而篇《がくじ》）

〔子貢曰、貧而無諂、富而無驕、何如。子曰、可也。未若貧而楽、富而好礼者也。子貢曰、詩云、如切如磋、如琢如磨、其斯之謂与。子曰、賜也、始可与言詩已矣。告諸往而知来者。〕

子貢《しこう》が言った。「貧しくてもへつらうこと無く、裕福《ゆうふく》でもおごることが無いのはどうでしょうか。」先生が言われた。「よいね。ただ、貧しくても楽しみ、富んでも礼を好む者には及ばないね。」子貢が言った。「『詩』にありますね。『切ったり、研《と》いだり、すりあげたり、磨いたりするように、さらに質を上げる』と。このことを言うのでしょうか。」先生が言われた。「賜《し》（子貢）よ。それでこそ初めて『詩』を語りあえるね。往くとさえ告げれば、帰ってくることも推測できているからね。」

「切磋琢磨《せっさたくま》」という成語はここで引かれている『詩経《しきょう》』が出典で、「材料を加工したり磨き上げたりして、さらによいものにする」という意味です。子貢の考えにはまだ貧富ということへのこだわりが見えますが、孔子はそれに対して貧富に左右されず自分の行き方を正すという一段上の心構《こころがま》えを説いたのです。それを聞いた子貢は、『詩経』の中の詩の語がこのような限りない向上の精神を言っているものであることも気づきました。孔子はそれを聞いて、子貢をともに詩について語り合えるねとほめ、さらに「往《ゆ》くとさえ告げれば、帰ってくることも推測できている」もの、つまり一を聞いて二を知るものだと評価したのです。この語は先の孔子の語に「一隅を挙げて三隅を以て反す」とあったのと似た意味です。常に問う姿勢が無い限りできないことで、ここで孔子は子貢を教育するに足《た》る人物だと認めたのです。このような発展的な質疑応答を孔子は喜びました。

　詩をめぐる同じようなやりとりは他にもあります。

子夏《しか》問《と》ひて曰《いは》く、巧笑倩《かうせうせん》たり、美目盼《びもくはん》たり、素《そ》以《もつ》て絢《あや》を為《な》すとは、何《なん》の謂《いひ》ぞや、と。子《し》曰《いは》く、絵《え》の事《こと》は素《そ》を後《のち》にす、と。曰《いは》く、礼《れい》は後《のち》か、と。子曰《しいは》く、予《われ》を起《おこ》す者《もの》は商《しやう》なり。始《はじ》めて与《とも》に詩《し》を言《い》ふ可《べ》きのみ、と。（八佾《はちいつ》篇）

〔子夏問曰、巧笑倩兮、美目盼兮、素以為絢兮、何謂也。子曰、絵事後素。曰、礼後乎。子曰、起予者商也。始可与言詩已矣。〕

子夏がおたずねした。「詩に『笑顔が魅力溢《あふ》れ、目元は涼しい、おしろいを塗って美しさが際立《きわだ》つ』とあるのは、どのような意味でしょうか。」先生が言われた。「絵を描く時は、色の間に白を入れるのを最後にするということだ。」そこでお聞きした。「礼は最後の仕上げということなのでしょうか。」先生が言われた。「私を啓発してくれるのはお前だね。それでこそはじめてともに詩を語り合えるね。」

「商」とは子夏の諱《いみな》、「素」は白のことです。「絵《え》の事《こと》は素《そ》を後《のち》にす（絵を描く時は、最後におしろいを塗るように、色の間に白を入れるのを最後にするということだ）」と読みましたが、「絵《え》の事《こと》は素《そ》より後《のち》にす（絵を描く時は白を下塗りにした後で描く）」という解釈もあります。いずれにしても最後は礼によって立派に仕上げるということです。孔子は弟子との対話によって自分自身も啓発されると言っているのです。

なお本書の第11回で引いた「関雎《かんしょ》」の詩もそうですが、孔子たちの詩の語句の引用はもとの文脈を離れてかなり自由な解釈がなされます。これは「断章取義《だんしょうしゅぎ》（章を断《た》ちて義を取る）」と言われ、中国古代に広く見られる現象です。

それに対して不肖の弟子の宰我《さいが》の次のような質問には、孔子はいらだちを隠しません。

宰我《さいが》問《と》ひて曰《いは》く、仁者《じんしゃ》は之《これ》に告《つ》げて井《せい》に仁《じん》有《あ》りと曰《い》ふと雖《いへど》も、其《そ》れ之《これ》に従《したが》はんか、と。子曰《しいは》く、何為《なんす》れぞ其《そ》れ然《しか》らん。君子《くんし》は逝《ゆ》かしむ可《べ》きなり。陥《おとしい》る可《べ》からざるなり。欺《あざむ》く可《べ》きなり。罔《し》ふ可《べ》からざるなり、と。（雍也《ようや》篇）

〔宰我問曰、仁者雖告之曰井有仁焉、其従之也。子曰、何為其然也。君子可逝也。不可陥也。可欺也。不可罔也。〕

宰我がおたずねした。「仁者に井戸の底に仁がありますよと言っても、それを鵜呑《うの》みにしましょうか。」先生が言われた。「どうしてそうなるかね。君子は井戸までは行かせられるが、下に落とすことはできないよ。だますことはできる。しかし混乱はさせられないよ。」

あまりにも質問が突飛で本当にこういう意味か疑わしくもありますが、通説通りに訳しておきました。

宰我については本書の第20回をご覧ください。孔子に年中叱《しか》られている弟子です。もっとも意外に優れた点もあったようですが。

孔子は弟子との質疑の際に弟子の質問や発言をよく聞き、その内容が良い場合は率直に評価することで弟子をはげまし啓発しているのですが、無意味だった場合はそれを悟らせようとしているのです。また知ったかぶりなども戒《いまし》めています。

子曰《しいは》く、由《いう》、女《なんぢ》に之《これ》を知《し》るを誨《をし》へんか。之《これ》を知《し》るを之《これ》を知《し》ると為《な》し、知《し》らざるを知《し》らずと為《な》す。是《これ》知《し》るなり、と。（為政篇《いせいへん》）

〔子曰、由、誨女知之乎。知之為知之、不知為不知。是知也。〕

先生が言われた。「由（子路）よ、お前に知るということがどういうことか教えよう。知っていることを知っているとし、知らないことを知らないとする。これが知るということだ。」

弟子の子路に向かっての語ですが、彼は思い込みが激しかったのかもしれません。ともかくわかったつもりでいることが本当にわかっているのか妥協無く反省することを求めているのです。

先に引いた小林秀雄の本では、観念的であったり言葉の上だけだったりする学生の質問に対しては、小林は厳しく反応しています。孔子も同じです。弟子の姿勢を見抜く目を持っているのが本当の師匠なのでしょう。

【第15回】 学ぶことと思うこと

勉強する際に重要なのは学習と思索です。このことについての孔子の有名な言葉に次のものがあります。

子曰《しいは》く、学《まな》びて思《おも》はざれば則《すなは》ち罔《くら》く、思《おも》ひて学《まな》ばざれば則《すなは》ち殆《あやふ》し、と。（為政篇《いせい》）

〔子曰、学而不思則罔、思而不学則殆。〕

先生が言われた。「学んでも思わなければ暗く、思っても学ばなければ危うい。」

学ぶことと思うことの両方が必須《ひっす》だと言うのです。単に学んでばかりいて、自分で思索しなければ学んだ内容は自分のものになりません。また自分であれこれ考えるだけでは、いつまでも自分の範囲から出られません。学んでこそ、未知の知識が得られ、視野が広がるのです。学ぶことと思うことの両方の重要さをこれほどすっきり言い切った言葉は稀《まれ》だと思います。

孔子の時代はありがたい教えを学んでおけばよいというのが普通でした。自分で主体的に思索することの重要さに気づいたのはさすがに孔子だと思います。ただ孔子にとって大事なのはやはり学ぶことでした。次の語は孔子の体験です。

子《し》曰《いは》く、吾《われ》嘗《かつ》て終日《しゅうじつ》食《くら》はず、終夜《しゅうや》寝《いね》ず、以《もつ》て思《おも》ふも、益《えき》無《な》し。学《まな》ぶに如《し》かず、と。（衛《えい》霊公《れいこう》篇）

〔子曰、吾嘗終日不食、終夜不寝、以思、無益。不如学也。〕

先生が言われた。「私は以前一日中食べず、一晩中寝ないで考えたが無駄であった。学ぶには及ばない。」

必死に考え続けた孔子だからこそ言える言葉です。また学ぶことの尊重は謙虚の精神の現れでもあります。孔子は自分よがりにならないことを常に戒めています。
　本書の第1回でも書きましたが、孔子は何よりも学ぶことに喜びを感じていました。しかしそれとともに、冒頭に引用した語のように、思うことも必須だと言っていることに注目したいと思います。書物や先生などから知識や考え方を学び、その内容を思索して自分の中で熟成させていき、そこで出てきた疑問や考えをまた学ぶことによって確かめていくのです。このように学問と思索の間を行き来していくことで、螺旋状《らせんじょう》に進歩していくと考えているのです。

　次の問答は、学ぶことがいかに必須であるかという教えです。

子曰《しいは》く、由《いう》や、女《なんぢ》六言《りくげん》の六蔽《りくへい》を聞《き》くや、と。対《こた》へて曰《いは》く、未《いま》だし、と。居《を》れ、吾女《われなんぢ》に語《つ》げん。仁《じん》を好《この》みて学《がく》を好《この》まざれば、其《そ》の蔽《へい》や愚《ぐ》。知《ち》を好《この》みて学《がく》を好《この》まざれば、其《そ》の蔽《へい》や蕩《たう》。信《しん》を好《この》みて学《がく》を好《この》まざれば、其《そ》の蔽《へい》や賊《ぞく》。直《ちよく》を好《この》みて学《がく》を好《この》まざれば、其《そ》の蔽《へい》や絞《かう》。勇《ゆう》を好《この》みて学《がく》を好《この》まざれば、其《そ》の蔽《へい》や乱《らん》。剛《がう》を好《この》みて学《がく》を好《この》まざれば、其《そ》の蔽《へい》や狂《きやう》、と。（陽貨《ようか》篇）

〔子曰、由也、女聞六言六蔽矣乎。対曰、未也。居、吾語女。好仁不好学、其蔽也愚。好知不好学、其蔽也蕩。好信不好学、其蔽也賊。好直不好学、其蔽也絞。好勇不好学、其蔽也乱。好剛不好学、其蔽也狂。〕

先生が言われた。「由《ゆう》よ、君は六つの教えの言葉の六つの弊害のことを聞いたことがあるか。」お答えして言った。「まだです。」先生が言われた。「座りなさい。私は君に告げよう。仁を好んで学を好まなければ、その弊害は愚かだ。知を好んで学を好まなければ、その弊害は散漫だ。信を好んで学を好まなければ、その弊害は損害だ。正直を好んで学を好まなければ、その弊害は硬直だ。勇を好んで学を好まなければ、その弊害は混乱だ。剛を好んで学を好まなければ、その弊害は逸脱だ。」

この語は六という数字を使ってまとめているので、孔子自身の語というよりも、孔子の教えを後でまとめたものと思われます。『論語』の後半にはこのような表現が多く見えます。ともかくここでは、仁、知、信、直、勇、剛の六つはそれぞれ善いことなのですが、学ぶことが欠けると、愚、蕩、賊、絞、乱、狂という弊害があると言われています。たとえば知を働かせることはけっこうなのですが、自分の思いだけで知を働かせていくと独りよがりで散漫になって、自分のためになりません。思うことも同じで、その姿勢が無いと前進できないのですが、同時に学ぶことが必須なのです。

また孔子の弟子の子夏《しか》はこのように言いました。

子夏《しか》曰《いは》く、博《ひろ》く学《まな》びて篤《あつ》く志《こころざ》し、切《せつ》に問《と》ひて近《ちか》く思《おも》ふ。仁《じん》其《そ》の中《うち》に在《あ》り、と。（子張篇《しちょう》）

〔子夏曰、博学而篤志、切問而近思。仁在其中矣。〕

子夏が言った。「学問は広く志は篤くし、切実に問い自分に即して考える。仁はその中にある。」

「切に問ひて」とは切実な気持ちで学ぶということ、「近く思ふ」とは自分に即して思索するということです。学ぶことも思うことも、観念的にならずあくまでも自分の日常に密着した切実な気持ちで行うべきなのです。孔子は無意味に観念的になることに用心していましたが、弟子の子夏もその精神を受け継いでいるのです。学ぶことともに思うことの意義もあわせて説いた孔子こそ、単なる知識を切り売りする学者ではなくて、自己向上を図る思想家と言うにふさわしい人物だったのです。

なおここで孔子が「思う」ということを日常の営為の中でどのように重視したかも見ておきましょう。

孔子《こうし》曰《いは》く、君子《くんし》に九思《きうし》有《あ》り。視《み》るには明《めい》を思《おも》ひ、聴《き》くには聡《そう》を思《おも》ひ、色《いろ》には温《をん》を思《おも》ひ、貌《かたち》には恭《きよう》を思《おも》ひ、言《げん》には忠《ちゆう》を思《おも》ひ、事《こと》には敬《けい》を思《おも》ひ、疑《うたがひ》には問《もん》を思《おも》ひ、忿《いかり》には難《なん》を思《おも》ひ、得《う》るを見《み》ては義《ぎ》を思《おも》ふ、と。（季氏《きし》篇）

〔孔子曰、君子有九思。視思明、聴思聡、色思温、貌思恭、言思忠、事思敬、疑思問、忿思難、見得思義。〕

孔子が言われた。「立派な人には九つの心がけがある。視る時には明察を心がけ、聴く時にはすみやかな理解を心がけ、顔つきには温和を心がけ、物腰には恭しさを心がけ、話す時には誠意を心がけ、行う時には敬虔《けいけん》さを心がけ、疑う時には教えを請《こ》う姿勢を心がけ、怒る時にはそれが引き起こす難事への対処を心がけ、自分の物にできそうな時は道義に沿《そ》うかを心がける。」

この語も九という数字を使ってまとめているので、孔子の教えを後でまとめたものと思われます。ともかくここでは、視、聴、色、貌、言、事、疑、忿、見得という日常生活の九つの場面で、明、聡、温、恭、忠、敬、問、難、義を「思ふ」ことが必要とされています。この「思ふ」ことは学問に対する思索というよりも、心がけるという意味に近いものです。しかし「疑には問を思ひ」というところなどは、じっくりと考えたうえで持った疑問を先生に投げかけようとすることを意味していますから、思索することが求められていると言ってもよいのではないでしょうか。先の「六言《りくげん》の六蔽《りくへい》」の説明では、善を好む六つの場合のいずれにも「学を好む」ことが必須とされていました。孔子にとって学ぶことと思うことは、単に学問についての話だけではなく、日常生活の中で常に心がけるものなのです。

【第16回】 孔子の先生

孔子の先生は誰だったのでしょうか。いろいろな本には次のような人たちが孔子に教えたということがのっています。

郯子《たんし》（『春秋左氏伝』昭公十七年）
萇弘《ちょうこう》（『礼記《らいき》』楽記《がくき》篇、『孔子家語《こうしけご》』弁楽解）
師襄《しじょう》（『韓詩外伝《かんしがいでん》』五、『淮南子《えなんじ》』主術訓、『史記《しき》』孔子世家《こうしせいか》、『孔子家語』弁楽解）
老聃《ろうたん》（『史記』孔子世家、『史記』老荘申韓列伝、『礼記』曽子問篇）

この四人の中で最も問題になるのは、老聃《ろうたん》です。前漢の歴史家の司馬遷《しばせん》の『史記』ではこの人物を老子とし、孔子が若い時に周で老子に礼を学んだとしています。しかしこの老子が有名な『老子』の著者のことであると言うのなら、それはありえないことです。なぜなら『老子』という本は孔子よりも後に作られたというのが今では定説だからです。なお『論語』には、孔子は特定の先生がいたということも、これら四人（老冊、郯子、萇弘、師襄）の名ものっていません。

ただ何人かの古老に一時的に学んだ可能性はあります。これら四人もそういった古老であったかもしれません。

孔子が老冊から礼を教えられたということは、儒教の経書である『礼記《らいき》』にも出てきます。もしかしたら老冊に孔子が習ったことは実際にあったかもしれませんが、仮にそうだとしても先にも述べたようにこの老冊が『老子』の著者であることはありえません。もともと『老子』という本の特色は人名や地名の固有名詞が出てこないことにあり、著者は誰だかわからないようにできています。『史記』の老子の伝記にはこの老冊以外にも「老萊子《ろうらいし》」、「周の太史の儋《たん》」が老子であったという説があげられていて（老荘申韓列伝）、要するに司馬遷の時代、既に『老子』の著者が誰か確定できなかったのです。

私の師匠の楠山春樹先生の説によるなら、まず儒教の方に孔子の先生の一人に老冊という人物がいたという話が既にあり、それならちょうどいいということで、道家側がこの老聃を『老子』の著者に結びつけて、儒教に対する道家の優越を示そうとしたのです。そもそも中国広しといえども「老」という姓の人はいません。『史記』でも老子の姓は李、名は耳、聃《たん》は字《あざな》であったとしています。「老聃」とは姓が「老」、名が「聃」ということではなく、「聃《たん》長老《ちょうろう》」という意味なのであって、このような長老が適宜『老子』の著者に擬《ぎ》せられていたと思われます。

『論語』には次のような孔子の語がのっています。

子曰《しいは》く、述《の》べて作《つく》らず、信《しん》じて古《いにしへ》を好《この》む、窃《ひそか》に我《わ》が老彭《らうはう》に比《ひ》す、と。（述而篇《じゅつじ》）

〔子曰、述而不作、信而好古、窃比於我老彭。〕

先生が言われた。「祖述して勝手に創作せず、ただ信じて古えの文化や制度を好む。私は、私のこの姿勢を私が敬愛する老彭《ろうほう》になぞらえている。」

「我が老彭」という珍しい言い方が昔から問題になり、日本に伝わったテキストを参考にして「窃比我於老彭（窃《ひそか》に我を老彭に比す）」ではないかという説もありますが、それはともかく、「老彭」は、老聃《ろうたん》の場合と同じく「彭長老《ほうちょうろう》」という意味です。つまり古老のことを「老……」と呼んでいたのでしょう。この「老彭」がいかなる人物であったかは不明です。古い注釈には殷王朝の賢人とされていますし、『大戴礼《だたいれい》』という経書には殷《いん》王朝の人としてその名が見えます（虞戴徳《ぐたいとく》篇）。殷王朝の人であったのなら、老彭は周王朝の人である孔子の直接の先生ではなかったことになります。周王朝で孔子がしたような復古の作業を殷王朝でもした人ということで持ち出されたのかもしれません。なおこの「老彭」を「老子」と長寿であったという「彭祖《ほうそ》」の二人のこととする説もありますが、これはありえません。

孔子の先生について、弟子の子貢《しこう》はこのように言っています。

衛《えい》の公孫朝《こうそんてう》 子貢《しこう》に問《と》ひて曰《いは》く、仲尼焉《ちゅうぢいづく》にか学《まな》べるか、と。子貢曰《しこういは》く、文武《ぶんぶ》の道《みち》、未《いま》だ地《ち》に墜《お》ちずして、人《ひと》に在《あ》り。賢者《けんじゃ》其《そ》の大《だい》なる者《もの》を識《しる》し、不賢者《ふけんじゃ》は其《そ》の小《せう》なる者《もの》を識《しる》す。文武《ぶんぶ》の道《みち》有《あ》らざること莫《な》し。夫子《ふうし》焉《いづく》にか学《まな》ばざらん、而《しか》して亦何《またなん》の常師《じゃうし》か之《これ》有《あ》らん、

と。（子張篇《しちょう》）

〔衛公孫朝問於子貢曰、仲尼焉学。子貢曰、文武之道、未墜於地、在人。賢者識其大者、不賢者識其小者。莫不有文武之道焉。夫子焉不学、而亦何常師之有。〕

衛の公孫朝が子貢にたずねて言った。「仲尼《ちゅうじ》（孔子）はどこで学んだのですか。」子貢が言った。「文王や武王の道はまだ地に墜《お》ちてはおらず、人の記憶の中にあります。賢者はそのうちの重要なものを記憶し、賢者でない者も一部分を記憶しております。ですので文王や武王の道が無いということは無いのです。先生（孔子）は学ばなかった場所などありましょうか。またどんな固定した師匠がいたというのでしょうか。」

文王とその子の武王が周王朝を開いたのですが、その王朝の文化や制度を孔子は理想のものと考え、その復興を自分の使命としていました。孔子の時代、その偉大な文化や制度は、周王朝が衰えたとはいえ、まだ人々がそれぞれの形で伝承していたので、孔子はそれを聞き歩いて学んできたのです。冒頭に挙《あ》げた四人もあるいはこのような伝承にかかわる古老たちであったのかもしれません。

「何の常師か之《これ》有らん（どんな固定した師匠がいたというのでしょうか）」とは、言い換《か》えれば「孔子にとって、文王や武王の道を教えてくれる人々は皆先生だった」ということなのです。孔子は自分には特定の先生はいないと思っていました。それは先生を尊ばないということではなく、自分のためになることを言ってくれる全ての人が我が師であるということなのです。次の言葉もそのことをよく示しています。

子曰《しいは》く、三人《さんにん》行《ゆ》けば、必《かなら》ず我《わ》が師《し》有《あ》り。其《そ》の善《ぜん》なる者《もの》を択《えら》びて之《これ》に従《したが》ひ、其《そ》の不善《ふぜん》なる者《もの》にして之《これ》を改《あらた》む、と。（述而《じゅつじ》篇）

〔子曰、三人行、必有我師焉。択其善者而従之、其不善者而改之。〕

先生が言われた。「三人いっしょに歩けば、その中には必ず自分の先生がいるものだ。そのうちの善い者を選んで従い、そのうちの善からぬ者を見て自分を戒《いまし》める。」

「三人行けば」は「三人行《おこな》へば（三人で行えば）」とも読みますが、内容的には同じことになります。あらゆる人が先生になりうるということですね。孔子は敬虔《けいけん》な気持ちで多くの人の中に自分の師を見出していたのです。

ただ孔子は同時に先生だからといって無批判に服従すべきではないと考えていました。

子曰《しいは》く、仁《じん》に当《あた》りては師《し》にも譲《ゆづ》らず、と。（衛霊公篇《えいれいこうへん》）

〔子曰、当仁不譲於師。〕

先生が言われた。「仁については師にも譲《ゆず》ることはしない。」

道に関しては先生に対しても妥協しないというのです。一番大事なのは道なのです。その道の追究に手を貸してくれるからこそ先生が尊いのです。師弟関係とは単なる一方的な上下の命令関係ではありません。ともに道を求める者どうしの間ではじめて成り立つ関係なのです。表向きは進歩的を装《よそお》いながら、学生が自分の意見と違うと居丈高《いたけだか》になる教師は案外多いものです。孔子の先生に対する姿勢は、今こそ味わうべきものと思います。

【第17回】 孔子と弟子 ——顔回《がんかい》

『論語』の魅力の一つに、孔子と弟子たちの対話から、孔子の弟子に対する暖かい思いや、弟子の個性が生き生きと浮き上がってくることがあります。

孔子の門人は三千人いたと言いますが、その中で代表的な弟子をまとめて「孔門十哲《じゅってつ》」と言います。その典拠は次の語です。

徳行《とくかう》には、顔淵《がんゑん》、閔子騫《びんしけん》、冉伯牛《ぜんはくぎう》、仲弓《ちゆうきゆう》。言語《げんご》には、宰我《さいが》、子貢《しこう》。政事《せいじ》には、冉有《ぜんいう》、季路《きろ》。文学《ぶんがく》には、子游《しいう》、子夏《しか》。（先進《せんしん》篇）

〔徳行、顔淵、閔子騫、冉伯牛、仲弓。言語、宰我、子貢。政事、冉有、季路。文学、子游、子夏。〕

徳行で優れているのは、顔淵《がんえん》（顔回）、閔子騫《びんしけん》、冉伯牛《ぜんはくぎゅう》、仲弓。言論で優れているのは、宰我《さいが》、子貢《しこう》。政治で優れているのは、冉有《ぜんゆう》、季路（子路）。学芸で優れているのは、子游《しゆう》、子夏。

この十人以外にも曽参《そうしん》のような重要な弟子はいますし、ここの弟子の配列の順序についても年齢順とか評価順とかいろいろ説があり、この一覧が果たして孔子の弟子の代表と序列を正確に示すものかについては疑問も呈《てい》されてきました。ただ顔回（顔淵）がこの十人のなかでトップに、しかも徳行であげられていることについては、当時から誰も異存が無いことでした。

顔回は、字《あざな》は子淵なので顔淵とも呼ばれます。魯《ろ》の国の人です。孔子よりも三十歳若く、三十一歳で夭折したと言いますが、そうすると辻褄《つじつま》の合わない事が各種出てくるので、異説が多々あります。ただ若死にしたのは確かで、そのことは『論語』にも見えます。

顔回が死んだ時、孔子は慟哭《どうこく》しました。次の二つの章をごらんください。

━顔淵死《がんゑんし》す。子曰《しいは》く、噫《ああ》、天予《てんわれ》を喪《ほろぼ》せり、天予《てんわれ》を喪《ほろぼ》せり、と。（先進篇《せんしんへん》）━

〔顔淵死。子曰、噫、天喪予、天喪予。〕

顔淵（顔回）が死んだ。先生が言われた。「ああ、天は私を滅ぼした、天は私を滅ぼした。」

顔淵死《がんえんし》す。子之《しこれ》を哭《こく》して慟《どう》す。従者曰《じゅうしゃいは》く、子慟《しどう》せり、と。曰《いは》く、慟《どう》すること有《あ》りしか。夫《か》の人《ひと》の為《ため》に慟《どう》するに非《あら》ずして誰《た》が為《ため》にかせん、と。（先進篇《せんしんへん》）

〔顔淵死。子哭之慟。従者曰、子慟矣。曰、有慟乎。非夫人之為慟而誰為。〕

顔淵（顔回）が死んだ。先生は哭泣《こくきゅう》の礼のおりに声をあげて号泣された。従者が言った。「先生が号泣された。」先生が言われた。「号泣したかね。彼のために号泣するのではなくて、誰のためにすると言うのか。」

「哭」とは葬式の時に死者を悼《いた》んで泣く礼、「慟《どう》」とは泣くことが常軌を逸《いっ》して号泣することです。孔子が人目もはばからず声をあげて泣いたのです。従者が驚いたのも当然です。

顔回死後も、孔子の脳裏《のうり》にはいつも顔回の面影がありました。君主の哀公《あいこう》や家老の季康子《きこうし》が「弟子の中で誰が学を好むと言えるかね」と聞いたおりに、孔子は顔回の名をあげ、「しかし不幸にも若死にしました。今はもうこのような者はおりません」と答えています（雍也《ようや》篇、先進《せんしん》篇）。孔子は自分ほど学問好きの者はいないと自負していました。その孔子が顔回の好学を認めていたのです。

顔回は貧乏でしたが、そのような境遇に左右されることはありませんでした。

子曰《しいは》く、賢《けん》なるかな回《くわい》や。一簞《いったん》の食《し》、一瓢《いっぺう》の飲《いん》、陋巷《ろうかう》に在《あ》り。人《ひと》は其《そ》の憂《うれひ》に堪《た》へず。回《くわい》や其《そ》の楽《たのし》しみを改《あらた》めず。賢《けん》なるかな回《くわい》や、と。（雍也《ようや》篇）

〔子曰、賢哉回也。一簞食、一瓢飲、在陋巷。人不堪其憂。回也不改其楽。賢哉回也。〕

先生が言われた。「賢だな、顔回は。一かご分の食べ物、一瓢《いっぴょう》分の飲み物だけで満足し、路地裏《ろじうら》に住んでいる。普通の人だったら我慢できない。だが顔回はこの生活の楽しみを改めない。賢だな、顔回は。」

そして次の孔子の語を見てもわかるように、およそ自己顕示が無い人物でした。

子曰《しいは》く、吾《われ》回《くわい》と言《い》ふに、終日《しゆうじつ》違《たが》はざること愚《おろか》なるが如《ごと》し。退《しりぞ》きて其《そ》の私《し》を省《かへりみ》るに、亦以《またもつ》て発《はつ》するに足《た》る。回《くわい》や愚《おろか》ならず、と。（為政《いせい》篇）

〔子曰、吾与回言終日、不違如愚。退而省其私、亦足以発。回也不愚。〕

先生が言われた。「私は顔回と話すと、一日中私の言葉にうなずくだけであたかも愚者のようである。しかし私の前から退いて一人でいる時を見ると、十分にそれを実践している。顔回は愚者ではない。」

また顔回は、孔子の教えを砂にしみこむ水のように吸収しました。

子曰《しいは》く、回《くわい》は我《われ》を助《たす》くる者《もの》に非《あら》ざるなり。吾《われ》の言《げん》に於《お》いて、説《よろこ》ばざる所《ところ》無《な》し、と。
（先進《せんしん》篇）

〔子曰、回也非助我者也。於吾言、無所不説。〕

先生が言われた。「顔回は私を助けてくれる者ではない。なぜなら私の言葉に、喜ばないことが無いからだ。」

もし顔回が反論でもしてくれれば、それを機会に自分の考えを検証したり、新たな考えが湧《わ》いたりすることもあるのですが、いつも顔回は自分の語を受け入れて喜んでばかりいるから自分のためにならないと言うのです。顔回はひたすら従順でしたが、それはうわべのものではなく、孔子の真意を理解しそれに賛同するという深い理解者としてのものでした。

顔回が死んだ時、次のようなことがありました。

顔淵死《がんゑんし》す。門人厚《もんじんあつ》く之《これ》を葬《はうむ》らんと欲《ほつ》す。子曰《しいは》く、不可《ふか》、と。門人厚《もんじんあつ》く之《これ》を葬《はうむ》る。子曰《しいは》く、回《くわい》や予《われ》を視《み》ること猶父《なほちち》のごときなり。予《われ》は視《み》ること猶子《なほこ》のごとくするを得《え》ず。我《われ》に非《あら》ざるなり。夫《か》の二三子《にさんし》なり、と。（先進篇《せんしんぺん》）

〔顔淵死。門人欲厚葬之。子曰、不可。門人厚葬之。子曰、回也視予猶父也。予不得視猶子也。非我也。夫二三子也。〕

顔淵（顔回）が死んだ。門人が手厚く葬式をあげたいと望んだ。先生が言われた。「そうしてはならぬ。」しかし門人は手厚く葬式を行った。先生が言われた。「顔回は私を父のように見てくれた。しかし私は子のようにしてやれなかった。私のせいではない。彼らのせいだ。」

孔子は形式よりも真情をもって顔回を葬ってあげたかったのです。孔子が顔回を我が子同然に思い、顔回も孔子を父のように見ていたことがよくわかる言葉です。

また同じく顔回が死んだ時の話に次のようなものもあります。顔回の父の顔路は、孔子から車をもらい、それを売ってお棺《かん》を入れる立派な外棺を作ろうとしました。孔子が顔回をかわいがっていたから、それに甘えたのでしょう。しかし孔子は拒否します。孔子は、自分の子の鯉《り》が死んだ時も外棺を作らなかった、それは礼の規定に従ったからだと言っています。その時、孔子は次のように言いました。

才《さい》も不才《ふさい》も、亦各々《またおのおの》其《そ》の子《こ》と言《い》ふなり。鯉《り》や死《し》するに、棺《くわん》有《あ》れども椁《くわく》無《な》し。（先進篇《せんしんへん》）

〔才不才、亦各言其子也。鯉也死、有棺而無椁。〕

能力が有る者も無い者も、それぞれ自分の子と言えるものだ。私の子の鯉《り》が死んだ時に、内棺は有ったが外棺は無かった。

ここで能力が有ると言っているのは顔回、無いと言っているのは鯉《り》のことです。このように孔子は顔回と自分の子を並べて言い、しかも能力的には実の子よりも顔回の方を評価しました。生前、孔子のこのような気持ちを鯉は感じていたはずです。偉大な教師がともすれば弟子に我が子同然かそれ以上の愛情を注ぐのは時にあることですが、鯉は果して寂しく思ったでしょうか。弟子たちの手前、我が子を特別扱いするのを孔子があえて控えていただけなのかもしれません。ともかくも実の子と顔回を失った孔子の晩年の寂寥《せきりょう》はいかばかりのものだったでしょうか。

【第18回】 孔子と弟子 ―― 子路《しろ》

孔子の弟子の中で、ひときわ印象的なのは子路です。子路は孔子より九歳若い古参の弟子でした。子路が孔子に入門した時のいきさつを司馬遷《しばせん》の『史記』ではこのように書いています。

子路は粗野な性格で勇力を好み剛直だった。雄鳥《おんどり》の羽の冠をかぶり、雌豚《めすぶた》の皮の袋を帯び、孔子をいたぶろうとした。孔子は礼儀正しく徐々に子路を導いたので、子路は儒者の服を着て進物を差し出すようになり、門人を介《かい》して弟子入りすることを願い出た。
(「仲尼弟子《ちゅうじていし》列伝」)。

このようにもとは乱暴者だったのですが、孔子の感化で君子らしくなっていった人物です。

子路は孔子に対して理屈抜きの敬愛の感情を持っていました。しかし孔子が最も嘱望《しょくぼう》した弟子は顔回です。顔回については孔子は常にほめていますが、この子路については欠点も指摘しています。たとえば孔子が言ったとおぼしき『論語』の中の語に、「由《いう》や喭《がん》（由也喭）」（先進《せんしん》篇）というものがあります。意味は「由（子路）はがさつ」ということです。

子路の風貌を伝えるものでは、次のようなものがあります。顔回に対する子路の対抗心がほほえましい形であらわれています。

子《し》　顔淵《がんゑん》に謂《い》ひて曰《いは》く、之《これ》を用《もち》ふれば則《すなは》ち行《おこな》ひ、之《これ》を舎《す》つれば則《すなは》ち蔵《かく》る。惟《ただ》我《われ》と爾《なんぢ》と是有《これあ》るかな、と。子路《しろ》曰《いは》く、子《し》　三軍《さんぐん》を行《や》らば、則《すなは》ち誰《たれ》と与《とも》にせん、と。子曰《しいは》く、暴《ぼう》虎馮河《こひょうか》、死《し》すとも悔《く》ゆる無《な》き者《もの》は、吾《われ》は与《くみ》せざるなり。必《かなら》ずや事《こと》に臨《のぞ》みて懼《おそ》れ、謀《はかりごと》を好《この》みて成《な》す者《もの》なり、と。（述而《じゅつじ》篇）

〔子謂顔淵曰、用之則行、舎之則蔵。惟我与爾有是夫。子路曰、子行三軍、則誰与。子曰、暴虎馮河、死而無悔者、吾不与也。必也臨事而懼、好謀而成者也。〕

先生が顔淵（顔回）に対して言われた。「登用されれば活動し、罷免《ひめん》されれば静かに暮らす。私と君だけがそうできるね。」子路が言った。「先生が大軍の総指揮をとれば、誰と一緒にしますか。」先生が言われた、「虎と素手で戦い大河を無理やり押し渡り、死んでも後悔しない者とは、私は一緒に行動しないよ。そうするとしたら必ずや物事に対して慎重を極め、計画を好んでその上で成し遂《と》げる者とだね。」

このように子路には一本気で慎重な配慮に欠けるところがありました。それがよく出ているものに、次の章があります。

子曰《しいは》く、道行《みちおこな》はれず、桴《いかだ》に乗《の》りて海《うみ》に浮《うか》ばん。我《われ》に従《したが》ふ者《もの》は、其《そ》れ由《いう》か、と。子路《しろ》之《これ》を聞《き》きて喜《よろこ》ぶ。子曰《しいは》く、由《いう》や勇《ゆう》を好《この》むこと我《われ》に過《す》ぎたるも、材《ざい》を取《と》る所《ところ》無《な》し、と。

（公治長《こうやちょう》篇）

〔子曰、道不行、乗桴浮于海。従我者、其由与。子路聞之喜。子曰、由也好勇過我、無所取材。〕

先生が言われた。「道が行われていない。いっそ筏《いかだ》に乗って海に浮ぼうか。その時私につき従ってくれる者はお前だな。」子路はそれを聞いて喜んだ。先生が言われた。「お前は勇を好むのが私以上だが、筏の材料を調達する能力は無い。」

ここはよくある解釈で訳してみましたが、筏《いかだ》の調達というのは子路が勢いだけで周到な準備という配慮に欠けるということを示しているとはいえ、少しわかりにくい話です。子路だって、孔子が「片言を発するだけで裁判を決着できるのは、由（子路）だろうね。」と評した人物です（顔淵《がんえん》篇）。筏の準備くらいはできるでしょう。それとも遠洋航海に耐《た》える特別な筏のことなのでしょうか。それで「あれこれ算段できないね（取り材《はか》る所《ところ》無し）」とする解釈もあります。ともかく孔子が自分の名をあげてくれたことに対する子路の率直な喜びと、それに微苦笑する孔子の姿が感じ取られるやりとりです。

この子路は次のようなことをして、孔子にたしなめられています。

子疾病《しやまひへい》なり。子路《しろ》門人《もんじん》をして臣為《しんた》らしむ。病間《へいかん》に曰《いは》く、久《ひさ》しきかな、由《いう》の詐《いつはり》を行《おこな》ふや。臣無《しんな》けれども、臣有《しんあ》りと為《な》す。吾誰《われたれ》をか欺《あざむ》かん、天《てん》を欺《あざむ》かんや。且《か》つ予其《われそ》の臣《しん》の手《て》に死《し》せん与《よ》りは、無寧《むし》ろ二三子《にさんし》の手《て》に死《し》せん。且《か》つ予《われ》縦《たと》ひ大葬《たいそう》を得《え》ずとも、予《われ》は道路《だうろ》に死《し》せんや、と。（子罕《しかん》篇）

〔子疾病。子路使門人為臣。病間曰、久矣哉、由之行詐也。無臣、而為有臣。吾誰欺、欺天乎。且予与其死於臣之手也、無寧死於二三子之手乎。且予縦不得大葬、予死於道路乎。〕

先生の病気が重くなった。そこで子路は門人に臣下のかっこうをさせた。先生の病状が小康《しょうこう》を得た時、先生は言われた。「ずっとだな、お前が偽《いつわ》りを行っていたのは。私には臣下がいないのに、いるようにした。私は誰を欺《あざむ》くのか。天を欺くとでもいうのか。それに私は臣下の手の中で君主のように死ぬよりも、お前たちの手の中で死んでいきたいのだ。また私は立派な葬式をあげられなくても、道路で野垂《のた》れ死《じ》にすることはあるまい。」

子路は孔子を君主のような立派な葬儀で見送りたかったので、弟子たちに臣下のかっこうをさせたのです。孔子はそれを強くたしなめたのですが、「お前たちの手の中で死んでいきたいのだ」という感銘《かんめい》深い言葉の中に弟子たちに対する強い愛情が感じられます。

子路の直情径行な性格をあらわす話としては、本書の第13回で引用した衛霊公《えいれいこう》篇の話があります。孔子の一行が遊説《ゆうぜい》中、陳の国で食糧がなくなり、従者も病気になり起き上がれなくなってしまいました。その時に子路は何とぶしつけにも「君子も窮地に陥《おちい》ることがあるのですか」と孔子に聞いたのです。孔子はそれに対して次のように答えました。

君子《くんし》固《もと》より窮《きゅう》す。小人《せうじん》窮《きゅう》すれば斯《ここ》に濫《みだ》る。（衛霊公《えいれいこう》篇）

（君子だってもとより窮地に陥ることがあるよ。ただ小人は窮地に陥るとすぐに取り乱すがね。）

言いづらいことをずけずけ言うのも子路らしいのですが、孔子はそれに対して不快な色も見せずにみごとに対応しています。この返答を聞いた子路はおそれいったことでしょう。

孔子は子路について、時にもてあますことはあったにしろ、かわいがり評価していました。

子曰《しいは》く、由《いう》の瑟《しつ》は、奚為《なんす》れぞ丘《きう》の門《もん》に於《お》いてせん、と。門人《もんじん》子路《しろ》を敬《けい》せず。子曰《しいは》く、由《いう》や堂《だう》に升《のぼ》れり。未《いま》だ室《しつ》に入《い》らざるなり、と。（先進《せんしん》篇）
〔子曰、由之瑟、奚為於丘之門。門人不敬子路。子曰、由也升堂矣。未入於室也。〕

先生が言われた。「由《ゆう》（子路）の瑟《しつ》のあのような演奏は、私のもとでするようなものではないね。」門人たちは子路を尊敬しなくなった。先生が言われた、「由は表座敷に上がれるまでになっている。まだ奥の部屋にまでは入っていないがね。」

「瑟」とは琴に似た楽器です。無骨な子路が楽器を奏《かな》でる姿は想像するだけでおかしいのですが、孔子もそれを聞いて苦笑いでもして言ったのでしょう。ところが孔子の言葉を聞いた弟子たちは子路を軽んじ始めたので、孔子は、子路は道を完全に理解している境地にまでには至っていないが、既にかなりの高い段階に到達していることを言い、弟子たちをたしなめたのです。

子路は、とにかく孔子の教えを愚直に実践しようと努力しました。

子路《しろ》聞《き》くこと有《あ》りて、未《いま》だ之《これ》を行《おこな》ふこと能《あた》はざれば、唯《ただ》聞《き》くこと有《あ》るを恐《おそ》る。（公冶長《こうやちょう》篇）

〔子路有聞、未之能行。唯恐有聞。〕

子路は何か有益な言葉を聞いて、まだそれを実践できないうちは、それ以上新しいことを聞くことを恐れた。

子路が持っていた不器用なほどの率直さ剛直さは、身を滅ぼすもとにもなりました。次の語は、一本気の子路の運命を見通していたかのような言葉です。

閔子《びんし》側《かたはら》に侍《じ》す。誾誾如《ぎんぎんじょ》たり。子路《しろ》、行行如《こうこうじょ》たり。冉有《ぜんいう》、子貢《しこう》、侃侃如《かんかんじょ》たり。子楽《したの》しむ。由《いう》や其《そ》の死《し》を得《え》ざる若《ごと》く然《しか》り、と。（先進《せんしん》篇）

〔閔子侍側。誾誾如也。子路、行行如也。冉有、子貢、侃侃如也。子楽。若由也不得其死然。〕

閔子《びんし》は先生の側らにはべっていた。おだやかに意見を述べていた。子路はというと、武張っていた。冉有と子貢は、なごやかだった。先生はくつろがれていた。ふと言われた。「由《ゆう》(子路) はまっとうな死に方をしないようだ。」

この予言通り、子路は衛《えい》の国の内乱に巻き込まれ、戦いの中で殺されました。最期《さいご》に冠の紐《ひも》を切られた子路は、「君子は死ぬ時にも冠をはずさぬものだ」と言って紐を結んで死にました (『史記』仲尼弟子列伝、衛康叔《えいこうしゅく》世家)。その死体は塩漬けにされました。子路を悼《いた》む儀式をしていた時にこのことを聞いた孔子は、すぐにそこにあった塩漬けを棄てさせました (『礼記《らいき》』檀弓《だんぐう》篇上)。塩漬けの肉を見て子路の最期《さいご》を思い出すことのつらさに耐《た》えられなかったのです。孔子という人物に魅了され、いつもその後を追ってきたこの純情剛直な弟子に対して、孔子も特別の思いがあったのです。

【第19回】 孔子と弟子 ——子貢《しこう》

渋沢栄一《しぶさわえいいち》が話題になっています。新しい一万円札の顔になることが決まり、NHKの大河ドラマの主人公にもされ、書店でも関係本が並んでいます。渋沢は日本近代の実業界を代表する巨人で、第一国立銀行、王子製紙、大阪紡績、東京商法会議所（現・東京商工会議所）をはじめ数えきれないほど多くの会社や公共機関の設立に関わり、また社会福祉や教育にも偉大な足跡《そくせき》を残しました。その渋沢の愛読書が『論語』でした。渋沢には『論語と算盤《そろばん》』や『論語講義』などの著書があり、豊かな経験を反映した『論語』の味読には格別のものがあります。渋沢はこのように言っています。

ゆえに私は平生孔子の教えを尊信すると同時に、論語を処世の金科玉条として、常に座《ざ》右《ゆう》から離したことはない。（『論語と算盤《そろばん》』）。

このような儒教をバックボーンに持つ実業家を中国では「儒商《じゅしょう》」と言います。儒教では利益の追求を道義に反すると見なすことが多いのですが、一方で世の福利のための利殖《りしょく》は道義と一致するという立場もありました。今でも台湾や東アジアの華僑《かきょう》の中には「儒商」を自認している人たちがおり、中国や韓国では儒商研究の学会が開かれることもあります。そしてこの「儒商」の祖とされるのが、今回取り上げる孔子の弟子の子貢《しこう》です。

子貢は、晩年斉《せい》の国で大金持ちの実業家として成功した人で、当時の有名人でした。歴史家の司馬遷《しばせん》は、孔子の名が天下に広まったのは、子貢が孔子のことを称揚したからだと言っています（『史記《しき》』貨殖列伝《かしょくれつでん》）。孔子は生前、今の我々が思うほど天下に名が知られてはいず、むしろ子貢の方が有名だった可能性すらあります。なお叔孫武叔《しゅくそんぶしゅく》や陳子禽《ちんしきん》が孔子よりも子貢の方が優れていると言い、子貢がそれを否定したこともありました（ともに子張篇《しちょう》）。

子貢に関しては、隣国の斉《せい》に圧迫されていた魯《ろ》の国を救うために、越《えつ》と呉《ご》を戦わせるようにしむけ、そこに斉をからませることで斉の軍事力を削《そ》いだという話が『史記』仲尼弟子《ちゅうじてい し》列伝に出てきます。史実かどうか疑わしいのですが、そのような話が作られてもおかしくはないほどの才智の持ち主でした。

しかし一方で子貢は、孔子に対する真摯《しんし》な敬仰の気持ちを持ち続けました。孔子が死んだ時、弟子たちは三年間、墓所で喪《も》に服しました。それが終わりみな散り散りになっていきますが、その中で子貢は一人残り、さらに三年も墓の脇に庵《いおり》を作り孔子をしのんだといいます（『史記』孔子世家《こうしせいか》）。今でも山東省の曲阜《きょくふ》にある孔子の墓の脇にその場所というものがあり、「子貢廬墓《しこうろぼ》」という石碑が建っています。

子貢は「言語」にすぐれていたと『論語』には書かれています。口がうまかったのですが、それはともすれば実行が伴わないことにもつながりました。そのせいか、孔子は子貢に次のように教えています。

子貢《しこう》 君子《くんし》を問《と》ふ。子曰《しいは》く、先《ま》づ其《そ》の言《げん》を行ひて、而《しか》る後之《のちこれ》に従《したが》ふ、と。（為政《いせい》篇）
〔子貢問君子。子曰、先行其言、而後従之。〕

子貢が君子についておたずねした。先生は言われた。「先ず言おうとする事を実行し、その後で言葉がついてくる人だね。」

口よりも実行が大事だというのは孔子が常に言っていることですが、特に子貢には釘《くぎ》をさしておきたかったのでしょう。

聡明な子貢は孔子が喜びそうなことを察して次のように言いましたが、孔子はそれが口先だけであることを見抜きます。

子貢《しこう》曰《いは》く、我《われ》人《ひと》の諸《これ》を我《われ》に加《くは》ふるを欲《ほっ》せざるや、吾《われ》も亦《また》諸《これ》を人《ひと》に加《くは》ふる無《な》からんことを欲《ほっ》す、と。子《し》曰《いは》く、賜《し》や爾《なんぢ》の及《およ》ぶ所《ところ》に非《あら》ざるなり、と。（公冶長《こうやちょう》篇）

〔子貢曰、我不欲人之加諸我也、吾亦欲無加諸人。子曰、賜也非爾所及也。〕

子貢が言った、「他人が自分にしてほしくないことを、自分もまた他人にしようと望みません。」先生は言われた。「賜《し》（子貢）よ、お前ができることではない。」

「賜」は子路の諱《いみな》です。人がいやがることをしないという心づかいの重要さは孔子が繰り返し強調することなので、子貢は当然ほめられると思ってこのように言ったところ、孔子からガツンとやられたわけです。本当に身についていないものを孔子は認めません。口先だけならどうとでも言えるものです。

秀才だった子貢は他人の評価に関心がありました。孔子に、兄弟子である子張と子夏のどちらが優れているか聞いたりもしています（先進篇《せんしんへん》）。孔子はこのような姿勢に対しても釘《くぎ》を刺《さ》しています。

子貢人《しこうひと》を方《くら》ぶ。子曰《しいは》く、賜《し》や賢《けん》なるかな。夫《そ》れ我《われ》は則《すなは》ち暇《いとま》あらず、と。（憲問篇《けんもんへん》）

〔子貢方人。子曰、賜也賢乎哉。夫我則不暇。〕

子貢が人の品評をした。先生が言われた。「賜（子貢）は賢いのだね。私はそんな暇《ひま》は無い。」

皮肉っぽくすら聞こえる孔子の言葉です。自負心の強い子貢は孔子が自分をどう評価してくれるか気になっていました。

子貢《しこう》問《と》ひて曰《いは》く、賜《し》や何如《いかん》、と。子曰《いは》く、女《なんぢ》は器《き》なり、と。曰《いは》く、何《なん》の器《き》ぞや、と。曰《いは》く、瑚璉《これん》なり、と。（公冶長篇《こうやちょう》）

〔子貢問曰、賜也何如。子曰、女器也。曰、何器也。曰、瑚璉也。〕

子貢がたずねて言った。「私はいかがでしょうか。」先生が言われた。「お前は器《うつわ》だ」。そこで言った。「どんな器でしょうか。」先生が言われた。「瑚璉《これん》だ。」

本書の第3回でも見たように、孔子は、「君子は器《き》ならず」（為政篇《いせい》）、つまり君子は一つの用途にだけ対応できるよう器《うつわ》のような狭いものではないと言いました。ということは、子貢は君子とするには不足なわけです。そこで子貢は「それならどんな器ですか」と食い下がったわけです。それに対して孔子は、お前は瑚璉《これん》、つまりお祭りの時に使用する特別な器だと言いました。君子とするにはまだ物足りないが、普通の人よりはすぐれていると言ってフォローしたのです。孔子は子貢の秀才ゆえの自意識過剰を危ぶみ、甘い言葉をかけませんでしたが、励《はげ》ましてもいるのです。

孔子が最も評価した弟子は顔回で、子貢も彼に対抗心を燃やしたことでしょうが、孔子はわざわざ「お前と顔回のどちらが優《すぐ》れているかね」という質問を子貢に投げかけます。子貢はそれに対して「私がどうして顔回を望みましょうか。顔回は一を聞いて十を知ります。私は一を聞いて二を知るだけです」と答えました。本書の第14回でも引きましたが以前孔子は子貢のことを「諸《これ》に往《わう》を告《つ》げて来《らい》を知《し》る者《もの》（往くとさえ告げれば、帰ってくることも推測できる者）」、つまり一を聞いて二を知る者と評したことがあったので（学而《がくじ》篇）、子貢はその言葉を利用して自負《じふ》をにじませながら同時に謙虚な姿勢も見せたわけです。それに対して孔子は、「及ばないね。私もお前も顔回には及ばないよ」と遠慮無く言っています（以上、公冶長《こうやちょう》篇）。なぐさめているようでありながら、子貢のわずかな驕《おご》りも許さないようなニュアンスが感じられます。

一代の秀才である子貢にも孔子は甘い姿勢は見せませんでした。しかし子貢は孔子を敬愛しぬきました。このような子貢もまた偉かったのです。

【第20回】　孔子と弟子　——宰我《さいが》

孔子の弟子にも悪役がいます。宰我《さいが》（宰予《さいよ》）です。子貢《しこう》とともに弁論で知られた弟子ですが（先進《せんしん》篇）、とにかく孔子からよく叱られています。まず最も有名なものをあげましょう。

宰予《さいよ》昼寝《ひるい》ぬ。子曰《しいは》く、朽木《きうぼく》は彫《ゑ》る可《べ》からざるなり。糞土《ふんど》の牆《かき》は杇《ぬ》る可《べ》からざるなり。予《よ》に於《お》いてか何《なん》ぞ誅《せ》めん、と。子曰《しいは》く、始《はじ》め吾《われ》、人《ひと》に於《お》けるや、其《そ》の言《げん》を聴《き》きて其《そ》の行《かう》を信《しん》ず。今吾《いまわれ》人《ひと》に於《お》けるや、其《そ》の言《げん》を聴《き》きて其《そ》の行《かう》を観《み》る。予《よ》に於《お》いてか是《これ》を改《あらた》む、と。（公冶長《こうやちょう》篇）

〔宰予昼寝。子曰、朽木不可雕也。糞土之牆不可杇也。於予与何誅。子曰、始吾於人也、聴其言而信其行。今吾於人也、聴其言而観其行。於予与改是。〕

宰予（宰我）が昼寝した。先生が言われた。「朽《く》ちた木は彫刻できない。ぼろ土で作った壁は塗《ぬ》ることができない。宰予に対しては責めてもしょうがない。」先生が言われた。「当初私は人に対して、言葉を聞けば行いまで信じた。今私は人に対して言葉を聞くだけでは信用ならず、行いまで観察するようになった。宰予を見て改めたのだ。」

昼寝したくらいで孔子がなぜここまで怒るのかという疑問は昔からありました。中国では昼寝の風習もあるのに、と言う人までいます。そこで江戸時代の荻生徂徠《おぎゅうそらい》などは、昼間から猥《みだ》らなことをしていたのではないかと勘《かん》ぐっています。宰我は他の箇所でも叱《しか》られていますから、孔子としてはまたかといった気持ちだったのでしょう。次のような話もあります。

哀公《あいこう》 社《しゃ》を宰我《さいが》に問《と》ふ。宰我《さいが》対《こた》へて曰《いは》く、夏后氏《かこうし》は松《まつ》を以《もつ》てし、殷人《いんひと》は柏《はく》を以《もつ》てし、周人《しうひと》は栗《りつ》を以《もつ》てす、と。曰《いは》く、民《たみ》をして戦栗《せんりつ》せしむ、と。子《し》 之《これ》を聞《き》きて曰《いは》く、成事《せいじ》は説《と》かず、遂事《すいじ》は諫《いさ》めず、既往《きわう》は咎《とが》めず、と。（八佾《はちいつ》篇）

〔哀公問社於宰我。宰我対曰、夏后氏以松。殷人以柏。周人以栗。曰、使民戦栗。子聞

之曰、成事不説、遂事不諫、既往不咎。」

哀公《あいこう》が社について宰我にたずねた。宰我がお答えして言った。「夏后氏《かこうし》（夏王朝の君主）は松を用い、殷人は柏を用い、周人は栗を用いました。」宰我は言葉を継いで言った。「栗を用いたのは、民を恐懼《きょうく》させるためです。」先生はそのことを聞いて言われた。「してしまった事をあれこれ言うまい、手遅れのことは諫《いさ》めまい、過ぎ去ったことは咎《とが》めまい。」

夏王朝、殷王朝、周王朝ではお社《やしろ》のご神体の木が異なります。魯の殿様の哀公の質問に対して、宰我は、知ったかぶりをして、周王朝が栗《くり》の木をご神体にするのは、戦慄《せんりつ》を意味すると答えたのです。栗と慄は発音が同じ「リツ」だからです。お社で死刑が行われていたからだという説もありますが、ともかくも民衆を恐怖で戦慄させるなどは、孔子のように愛で人民に接することを説く人間にとっては、耐《た》え難《がた》いものでした。孔子が説いたのが、法律で民を規制するのではなく、「身近な者が喜んでくれ、遠い地の者がやってきてくれる」（子路《しろ》篇）徳による慈愛の政治であったことは、本書の第12回で見たとおりです。

またこういう話もあります。

宰我《さいが》問《と》ふ、三年《さんねん》の喪《も》は、期《き》已《すで》に久《ひさ》し。君子《くんし》三年《さんねん》礼《れい》を為《な》さずんば、礼《れい》必《かなら》ず壊《やぶ》れん。三年《さんねん》楽《がく》を為《な》さずんば、楽《がく》必《かなら》ず崩《くず》れん。旧穀《きうこく》既《すで》に没《つ》きて、新穀《しんこく》既《すで》に升《みの》り、燧《すゐ》を鑽《き》りて火《ひ》を改《あらた》む。期《き》にして可《か》なるのみ、と。子《し》曰《いは》く、夫《か》の稲《いね》を食《くら》ひ、夫《か》の錦《にしき》を衣《き》るは、女《なんぢ》に於《お》いて安《やす》きか、と。曰《いは》く、安《やす》し、と。女《なんぢ》安《やす》くば則《すなは》ち之《これ》を為《な》せ。夫《そ》れ君子《くんし》の喪《も》に居《を》るに、旨《うま》きを食《くら》へども甘《あま》からず。楽《がく》を聞《き》けども楽《たの》しからず。居処《きよしよ》安《やす》からず、故《ゆゑ》に為《な》さざるなり。今《いま》女《なんぢ》安《やす》ければ則《すなは》ち之《これ》を為《な》せ、と。宰我《さいが》出《い》づ。子《し》曰《いは》く、予《よ》の不仁《ふじん》なるや、子《こ》生《うま》れて三年《さんねん》、然《しか》る後《のち》に父母《ふぼ》の懐《ふところ》を免《まぬが》る。夫《そ》れ三年《さんねん》の喪《も》は、天下《てんか》の通喪《つうさう》なり。予《よ》や三年《さんねん》の愛《あい》を其《そ》の父母《ふぼ》に有《あ》らんか、と。（陽貨《ようか》篇）

〔宰我問、三年之喪、期已久矣。君子三年不為礼、礼必壊。三年不為楽、楽必崩。旧穀既没、新穀既升、鑽燧改火。期可已矣。子曰、食夫稲、衣夫錦、於女安乎。曰、安。女安則為之。夫君子之居喪、食旨不甘。聞楽不楽。居処不安、故不為也。今女安則為之。宰我出。子曰、予之不仁也、子生三年、然後免於父母之懐。夫三年之喪、天下之通喪也。

「予也有三年之愛於其父母乎。」

宰我がおたずねした。「三年の喪は、一年間でももうかなり長いわけです。君子が三年の間通常の礼を実践しなければ、礼は必ず崩壊することでしょう。三年の間音楽を慎めば音楽は必ず崩壊するでしょう。古い穀物を食べ尽くし、新たな穀物がもう実っていたら、木をこすりあわせて新たな火を起こすものです。ですから一年間でよいはずです。」先生が言われた。「日常にもどって稲を食べたり、錦を着たりするのは、お前にとっては平気なことなのか。」宰我が答えた。「平気です。」先生が言われた。「お前が平気ならばやればよいだろう。そもそも君子は喪《も》に服している時には、うまい物を食べてもおいしくはない。音楽を聞いても楽しくはない。通常の生活に安住できないから、それゆえこういうことをしないのだ。いまお前が平気ならばやればよいだろう。」宰我が退出した。先生が言われた。「予（宰我）は薄情だな、子は生まれてから三年たって、その後で父母の懐《ふところ》から巣立つ。そもそも三年の喪は、天下共通の喪なのだ。予（宰我）にも父母から三年の愛を受けただろうに。」

親が死ぬと三年間（実際には二十五箇月あるいは二十七箇月）は喪に服するのはいつでもどこでもしなければならない鉄則でした。ここで孔子は子ども生まれてから三年は親に抱かれて愛を受ける、だから親が死んだら三年は喪に服すのだという理屈を述べています。それにしても親に対する喪が長すぎるとは、宰我もずいぶん思い切ったことを言ったものです。孔子から怒られるに決まっていますから。ただこういう率直な疑問をするのが、宰我らしいところです。

ただこのように孔子から怒られまくっていた宰我は、その孔子について次のように言っているのです。これは戦国時代の孟子の言葉です。

宰我《さいが》、子貢《しこう》、有若《いうじやく》は智《ち》以《もつ》て聖人《せいじん》を知《し》るに足《た》る。汚《を》なるも其《そ》の好《この》む所《ところ》に阿《おもね》るに至《いた》らず。宰我曰《さいがいは》く、予《よ》を以《もつ》て夫子《ふうし》を観《み》れば、尭舜《げうしゆん》より賢《けん》なること遠《とほ》し、と。（『孟子』公孫丑《こうそんちゅう》篇上）

〔宰我、子貢、有若智足以知聖人。汚不至阿其所好。宰我曰、以予観於夫子、賢於尭舜遠矣。〕

宰我、子貢、有若の智は、聖人（孔子）の偉さがわかるのに十分であった。小物ではあるが自分が好む相手におもねることなどはしなかった。その宰我がこう言っているのだ。「私から孔子先生を見れば、あの偉大な聖王の尭《ぎょう》や舜《しゅん》よりはるかに優れている。」

宰我、子貢、有若ら三人の弟子たちは、孔子におもねるような人たちでは無かったと孟子は言います。そのうえで、宰我が孔子を絶賛した言葉を挙げているのです。尭と舜は聖王の代表者で、それよりも孔子の方が賢であったということは実に大胆な言葉です。ここに宰我の孔子への厚い敬仰《けいぎょう》の念が知られます。孔子にいくら怒られても、宰我は孔子を尊敬し続けました。宰我は単なるひねくれ者ではなく、孔子の真価を誰よりもわかっていた人物だったのでしょう。孔子の弟子はまことに多士済々《たしさいさい》です。その弟子たちが等しく敬愛したのが孔子という人物でした。

【第21回】　弟子に対する姿勢

『論語』の中には感動的な話も出てきます。その一つが、病《やまい》に冒《おか》された弟子の伯牛を見舞う孔子の姿です。伯牛とは、孔子の弟子の冉耕《ぜんこう》の字《あざな》です。

伯牛がかかっていたのはハンセン氏病の類だと思われます。伝染するために隔離されていたようで、当然人は寄りつきません。そこに孔子が会いにきたのです。孔子は窓越しから伯牛の手をとって、このようなりっぱな人材に業病《ごうびょう》があることを歎きました。その箇所を次にあげます。

伯牛疾《はくぎうやまひ》有《あ》り。子之《しこれ》を問《と》ふ。牖《まど》自《よ》り其《そ》の手《て》を執《と》りて、曰《いは》く、之《これ》亡《な》からん。命《めい》なるかな、斯《こ》の人《ひと》にして斯《こ》の疾《やまひ》有《あ》るや、斯《こ》の人《ひと》にして斯《こ》の疾《やまひ》有《あ》るや、と。（雍也《ようや》篇）

〔伯牛有疾。子問之。自牖執其手、曰、亡之。命矣夫、斯人也而有斯疾也、斯人也而有

斯疾也。」

伯牛に病気があった。先生は彼を見舞に行った。そして窓から彼の手を取って言われた。「あってはならないことだ。天命なのだろうか、このような人にこのような病気があるとは。このような人にこのような病気があるとは。」

感染するおそれがあったのかもしれませんが、それでも孔子は出向いたのです。たださすがに直接は会えなかったので、窓越しに手を取ったのです。伯牛は、自分が見捨てられてはいなかったと感じ、さぞかしなぐさめられたことでしょう。また自分に対して孔子が評価してくれていることもうれしく思ったことでしょう。

この伯牛という人がいかなる人かははっきりしません。『論語』先進《せんしん》篇に孔子の弟子たちの品評がありますが、徳行にすぐれているとされている四人の中に入っているので、まじめな道徳家だったのでしょう。

本書の第17回目でも述べたように、孔子は、最も嘱望《しょくぼう》していた弟子の顔回が若くして没した時、声をあげて泣きました。まさか孔子が一人の弟子のために号泣するとは弟子たちは驚いたのですが、孔子は言いました。「彼のために号泣するのではなくて、誰のためにすると言うのか。」伯牛の場合も孔子は心では慟哭《どうこく》していたことでしょう。顔回は貧乏で官僚としての高い位もありませんでした。しかし孔子はその好学の精神と才能を愛したのです。

一方で孔子は、子貢のような有名人や子路のような豪傑タイプの人間にも甘い顔はしませんでした。また家老のご子息にも遠慮してはいません。その一方で名もない弟子であっても、良さがあれば十分に認めてあげています。これはなかなかできないことです。有名人には取り入り、追従《ついしょう》を言ってくる人を喜び、一方で自分を重んじない人間には平気で雑言《ぞうごん》を浴《あ》びせるという人を時に見かけます。孔子はそのような人間を即時に見抜き、寄せ付けません。優しさと厳しさが並存しているのが孔子です。

孔子は教える相手の身分や状況を問題にしませんでした。

子曰《しいは》く、吾《われ》知ること有《あ》らんや、知《し》ること無《な》きなり。鄙夫《ひふ》有《あ》り、我《われ》に問《と》ふ、空空如《こうこうじょ》たり。我《われ》其《そ》の両端《りやうたん》を叩《たた》きて竭《つく》す、と。（子罕《しかん》篇）

〔子曰、吾有知乎哉、無知也。有鄙夫、問於我、空空如也。我叩其両端而竭焉。〕

先生が言われた。「私は物事を知っていうようか、知っているわけではない。しかし無教養な人がいて私に質問をして本当に何も知らずに空《から》っぽであったとしよう。その場合でも私は隅《すみ》から隅まで教え尽くしてあげるがね。」

孔子は、向学心があればどんな人であっても一生懸命教えたのです。それも弟子まかせにせずみずから教えたのです。後世の儒者たちの中には、初心者に対しては師範代に教えさせ、自分で教えない人も多かったのですが、そのようなのとは違うのです。次の語もそれを示しています。皆が顔をしかめる互郷《ごきょう》という曰《いわ》く付《つ》きの土地の童子が学びにきた時も、このように受け入れました。

互郷《ごきやう》与《とも》に言《い》ひ難《がた》し。童子見《どうじまみ》ゆ。門人惑《もんじんまど》ふ。子曰《しいは》く、其《そ》の進《すす》むに与《くみ》す。其《そ》の退《しりぞ》くに与《くみ》せざるなり。唯何《ただなん》ぞ甚《はなはだ》しきや。人己《ひとおのれ》を潔《きよ》くして以《もつ》て進《すす》まば、其《そ》の潔《きよ》きに与《くみ》せん。其《そ》の

往《わう》を保《ほ》せざるなり、と。（述而篇《じゅつじ》）

〔互郷難与言。童子見。門人惑。子曰、与其進也。不与其退也。唯何甚。人潔己以進、与其潔也。不保其往也。〕

互郷の地の人間はともに話しあえるような連中ではない。そこの童子が孔子に会いに来た。門人はとまどった。先生が言われた。「前に進もうという姿勢を評価したのだ。後退するようなのは認めないまでだ。彼らを嫌《きら》うのがあまりに極端にすぎないかね。人が純粋な気持ちで前に進もうとするのであれば、その誠意を認めよう。ただ私から去ってしまわないとは保証できないがね。」

また次のようなケースもありました。闕《けつ》という村の童子が孔子のもとで来客の取り次ぎ役をしていたのを見て、ある人が孔子にたずねました。「この役をやらせるとは、この子は向上心に富んだ者なのですか。」孔子はそれにこう答えました。「私が見ていると、この子は平気でおとなと同じ席にいます。また年配の人と並んで歩いています。向上心に富んだ者ではありません。背伸びして早く一人前になりたいと望んでいる者です。」（憲問篇《けんもんへん》）ここの解釈はいろいろありますが、朱子《しゅし》が言うように、たぶん孔子はこの童子に言葉ではなく役目をあたえることでけじめをつけることを教えようとしたのでしょう。

なお孔子が直接教えることを拒否したケースも一箇所見えます。「陽貨篇《ようかへん》」に、魯の人の孺悲《じゅひ》が孔子に面会を望んだところ、孔子は病気を理由に断りました。口上を伝える者が戸口から出たところ、孔子はそこで瑟《しつ》（楽器）を取って歌い、それが聞こえるようにしたというのです。つまり仮病《けびょう》を使い孺悲を拒否したことを暗に使者に示したわけです。孔子が孺悲を避けた理由は不明ですが、後世はこれを直接教えず「その人を教えるのを拒否することによってその人に反省させる教え方」（『孟子』告子篇下）」ということで解釈しています。

ともかく孔子が分《わ》け隔《へだ》て無く教えようとする姿勢を持っていたのは、人に対する差別感が無かったからです。次の言葉は有名です。

【第21回】　弟子に対する姿勢

子曰《しいは》く、教《けう》有《あ》りて類《るい》無《な》し、と。（衛霊公篇《えいれいこうへん》）

〔子曰、有教無類。〕

先生が言われた。「教育があるだけで、もともとの差があるわけではない。」

「教有り」とは教化の結果は確かにあるということ、「類無し」とは本来人間は種類が無い、要するに区別が無くみな平等に人だということです。本来は人はみな同類でたいした差があるわけではない、ただ教えを受けるかどうかによって差が出るということです。孔子は次のようにも言いました。

子曰《しいは》く、性《せい》は相近《あひちか》きなり。習《ならひ》は相遠《あひとほ》きなり、と。（陽貨《ようか》篇）

〔子曰、性相近也。習相遠也。〕

先生が言われた。「生まれつきは似たり寄ったりである。しかし後天的に習得したもので非常な差が出る。」

もっとも孔子は一方ではこうも言います。

唯上知《ただじやうち》と下愚《かぐ》とは移《うつ》らず。（陽貨篇《ようか》）

（智が高い者と愚かな者は相互に移動することが無い。）

これは先に引いた「性《せい》は相近《あひちか》きなり。習《ならひ》は相遠《あひとほ》きなり」の直後に出てくるので、両方を合わせて一章とする解釈をする人もあります。こちらの方の語は、「ただ甚だしく賢愚の素質の差がある時はどうしようもない」とも、「ただいったん甚だしく賢愚の差がついたらどうしようもない」とも、両方の意味に取れる可能性があります。似た意味の語では、このようなものもあります。

中人《ちゆうじん》以上《いじやう》には、以《もつ》て上《じやう》を語《かた》る可《べ》きなり。中人《ちゆうじん》以下《いか》には、以《もつ》て上《じやう》を語《かた》る可《べ》からざるなり。（雍也篇《ようや》）

（普通の人以上には、上の段階のことを語ることができる。普通の人以下には上の段階のことを語ることはできない。）

「以上」と「以下」が中人を含むのか否かが曖昧《あいまい》ですが、文脈上は含まないことになります。

むしろ注意すべきなのは、孔子が人間の本性についての理論を語らなかったことです。孔子の弟子の子貢はこう証言しています。

子貢曰《しこういは》く、夫子《ふうし》の文章《ぶんしやう》は、得《え》て聞《き》く可《べ》きなり。夫子《ふうし》の性《せい》と天道《てんだう》とを言《い》ふは、得《え》て聞《き》く可《べ》からざるなり、と。（公冶長篇《こうやちょう》）

〔子貢曰、夫子之文章、可得而聞也。夫子之言性与天道、不可得而聞也。〕

子貢が言った。「先生（孔子）の文化ついての言葉は聞くことができる。しかし先生が人の本性と天の道について語ったのは聞くことができない。」

人間の本性はどうなのかという議論を「性説《せいせつ》」と言い、後の儒教思想では大きな論題になりますが、孔子の関心は人の本性がどうこうよりも、学習や環境によってどうなっていくかにあったのです。仮に孔子は人々に素質の差が一部あることは認めていたとしても、やはり圧倒的多数の普通の人たちの生まれつきは似たり寄ったりで、学習と環境の力によって差がつくと考えていたことに変わりありません。これは、孔子が人間を等しく尊重する姿勢から出てきたものです。孔子は広く人々を受け入れ、その可能性を開こうとしたのです。

【第22回】 弟子から見た孔子

孔子がどのような顔をしていたかはわかりません。中国で描かれた肖像画はぎょろ目をむいた出っ歯のものが多いのですが、目はともかく歯の方は後に聖人の顔の特徴とされたのにならっただけで、根拠がある話ではありません。そのほか、頭のてっぺんがへこんでいたとか普通の人と違うことを示すためのいろいろな伝説がありますが、どれも信用できません。

確かなのは大男であったことで、威厳に満ちていたことです。ただ同時に温和で謙虚でした。『論語』で次のように書かれているのは、弟子から見た孔子の姿と思われます。

子《し》は温《をん》にして厲《はげ》し、威《ゐ》ありて猛《まう》ならず、恭《きよう》にして安《やす》し。(述而《じゅつじ》篇)

〔子温而厲、威而不猛、恭而安。〕

先生はおだやかだが厳粛であり、威厳があるが獰猛《どうもう》ではなく、謙虚であるがのびやかである。

孔子は威厳があり烈しい情熱を内に秘めながらも、表面はあくまでもおだやかな人だったようです。孔子の弟子の子禽《しきん》と子貢《しこう》の問答に次のようなものがあります。

子禽《しきん》 子貢《しこう》に問《と》ひて曰《いは》く、夫子《ふうし》の是《こ》の邦《くに》に至《いた》るや、必《かなら》ず其《そ》の政《せい》を聞《き》く。之《これ》を求《もと》めたるか、抑《そもそも》 之《これ》を与《あた》へられたるか、と。子貢曰《しこういは》く、夫子《ふうし》は温良《をんりやう》 恭《きよう》倹《けん》 譲《じやう》 以《もつ》て之《これ》を得《え》たり。夫子《ふうし》の之《これ》を求《もと》むるや、其《そ》れ諸《これ》人《ひと》の之《これ》を求《もと》むるに異《こと》なるか、と。（学而《がくじ》篇）

〔子禽問於子貢曰、夫子至於是邦也、必聞其政。求之与、抑与之与。子貢曰、夫子温良恭倹譲以得之。夫子之求之也、其諸異乎人之求之与。〕

子禽が子貢にたずねた。「先生（孔子）がある国に着くと、必ずその国の政治についてご下問がありました。先生はそれを自分から求めたのですか、それとも相手から求められたの

ですか。」子貢が言った。「先生は温和、素直、恭敬、節度、謙譲《けんじょう》の美徳によってその機会を得たのである。先生が求めたといっても、それは人が求めるのとはわけが違うのであろう。」

孔子の温（温和）、良（素直）、恭（恭敬）、倹（節度）、譲（謙譲）が各国の人々を引きつけてことがわかります。どれも穏やかさ、誠実さを示す徳です。孔子は決して人を威圧して承伏させたり、派手なパフォーマンスで人心をつかもうとするような人ではなかったのです。この孔子は、くつろいでいる時はのびのびゆったりしていたようです。

子《し》の燕居《えんきょ》するや、申申如《しんしんじょ》たり、夭夭如《えうえうじょ》たり。（述而篇《じゅつじ》）

〔子之燕居、申申如也、夭夭如也。〕

先生がくつろいでおられる時は、のびやかで、生き生きとしておられた。

時には歌なども歌うことがあったようです。

子《し》　人《ひと》と歌《うた》ひて善《よ》ければ、必《かなら》ず之《これ》を反《はん》せしめて、而《しか》る後《のち》に之《これ》に和《わ》す。（述而《じゅつじ》篇）

〔子与人歌而善、必使反之、而後和之。〕

先生は人と歌ってそれが善ければ、必ず繰り返させて、その後で唱和した。

孔子というと堅苦しいだけの人物だったように思われがちですが、実際には人と調和し、人を包み込むような人間だったのです。ただ弟子たちはこの孔子の中に及びがたい奥深さを感じていました。孔子の一番弟子の顔回《がんかい》（顔淵《がんえん》）は、次のように言っています。

顔淵《がんゑん》喟然《きぜん》として歎《たん》じて曰《いは》く、之《これ》を仰《あふ》げば彌〻《いよいよ》高《たか》く、之《これ》を鑽《き》れば彌〻《いよいよ》堅《かた》し。之《これ》を瞻《み》るに前《まへ》に在《あ》れば、忽焉《こつえん》として後《うしろ》に在《あ》り。夫子《ふうし》循循然《じゅんじゅんぜん》として善《よ》く人《ひと》を誘《いざな》ふ。我《われ》を博《ひろ》むるに文《ぶん》を以《もっ》てし、我《われ》を約《やく》するに礼《れい》を以《もっ》てし、罷《や》めんと欲《ほっ》すれども能《あた》はず。既《すで》に吾《わ》が才《さい》を竭《つく》せども、立《た》つ所《ところ》有《あ》りて卓爾《たくじ》たるが如《ごと》く、之《これ》に従《したが》はんと欲《ほっ》すと雖《いへど》も、由末《よしな》きのみ、と。

（子罕《しかん》篇）

〔顔淵喟然歎曰、仰之彌高、鑽之彌堅。瞻之在前、忽焉在後。夫子循循然善誘人。博我以文、約我以礼、欲罷不能。既竭吾才、如有所立卓爾、雖欲従之、末由也已。〕

顔淵（顔回）が詠嘆して言った。「先生は仰げば仰ぐほどますます高く、切れば切るほどますます堅く、前にあるかと見れば、いつの間にか後ろにおられる。先生は懇切《こんせつ》に人を導かれる。私の視野を学芸で広げてくださり、私の行動を礼によって引《ひ》き締《し》めてくださり、やめようとしてもできない。もう私は自分の能力を出し尽くしてしまったのに、先生はさらに目の前にお立ちになり高々とそびえられておられるようであり、そこにたどりつこうとしても手立てが得られない。」

さすがに顔回で、孔子の奥行きをよく描いています。孔子はすぐに人間としての底が見えてしまう人物ではなく、接すれば接するほどその人格の深みと高さを感じる存在でした。

今度は秀才で知られる同じく孔子の弟子の子貢《しこう》の言葉をあげてみます。

【第22回】 弟子から見た孔子

陳子禽《ちんしきん》子貢《しこう》に謂《い》ひて曰《いは》く、子《し》は恭《きよう》を為《な》すなり、仲尼豈子《ちゆうぢあにし》より賢《まさ》らんや、と。子貢曰《しこういは》く、君子《くんし》は一言以《いちげんもつ》て知《ち》と為《な》し、一言以《いちげんもつ》て不知《ふち》と為《な》す。言慎《げんつつし》まざる可《べ》からざるなり。夫子《ふうし》の及《およ》ぶ可《べ》からざるや、猶《な》ほ天《てん》の階《かい》して升《のぼ》る可《べ》かざるがごときなり。夫子《ふうし》の邦家《はうか》を得《う》れば、所謂之《いはゆるこれ》を立《た》つれば斯《ここ》に立《た》ち、之《これ》を道《みちび》けば斯《ここ》に行《ゆ》き、之《これ》を綏《やす》んずれば斯《ここ》に来《きた》り、之《これ》を動《うご》かせば斯《ここ》に和《わ》す。其《そ》の生《い》くるや栄《さか》え、其《そ》の死《し》するや哀《かな》しむ。之《これ》を如何《いかん》ぞ其《そ》れ及《およ》ぶ可《べ》けんや、と。(子張篇《しちようへん》)

〔陳子禽謂子貢曰、子為恭也、仲尼豈賢於子乎。子貢曰、君子一言以為知、一言以為不知。言不可不慎也。夫子之不可及也、猶天之不可階而升也。夫子之得邦家者、所謂立之斯立、道之斯行、綏之斯来、動之斯和、其生也榮、其死也哀。如之何其可及也。〕

陳子禽が子貢に向かって言った。「あなたは謙遜しておられる。仲尼(孔子)がどうしてあなたより優れているものか。」子貢が言った。「君子は一言で知者ともされるし、一言で知者ではないともされるものだ。言葉は慎まなくてはならない。先生(孔子)が及ぶことができないのは、天にはしごで登ることができないようなものだ。先生が国政をまかせられれば、『民を自立させれば自立し、導けばその通りに進み、慰撫《いぶ》すれば慕い集まり、動員すれば調和を保ち、その人が生きていれば栄え、死すれば人々から哀しまれる』という語のようになる。どうして及ぶことなどできようか。」

本書の第19回でも述べたように、子貢は時には社会的に孔子以上に目立つ存在でした。その子貢も孔子の高みと人々に対する感化力の強さをこのように言っているのです。孔子の圧倒的な人格的魅力に、弟子たちは引きつけられ続けました。第3回でも述べたように、孔子は自分が聖人であるとも思っていませんでしたが、弟子たちは孔子を聖人と見なしました。孔子以前の聖人は、尭《ぎょう》、舜《しゅん》、禹《う》、湯《とう》、文王、武王、周公《しゅうこう》といった遙《はる》か彼方《かなた》にいる王者、あるいは王者同等の者でした。それに対して、弟子たちにとって孔子は王者ではない目の前にいる身近な存在でした。それでも弟子たちはこれ以上ないほどの偉大な人格を孔子の中に見出していたのです。

【第23回】 孔子の家族

孔子は、家族の重要性を説いています。それなら孔子自身の家族はどのようなものだったのでしょうか。まず孔子の両親から見てみましょう。

一、孔子の父

孔子の父は、魯《ろ》の大夫《たいふ》（中級役人）で、叔梁紇《しゅくりょうこつ》と言いました。なかなか豪傑であったという話もあります。しかし孔子とは別居していたようです。司馬遷《しばせん》の『史記《しき》』孔子世家《こうしせいか》では、母が死んだ時、孔子はいっしょに父の墓に入れてあげたいと思ったのですが、場所がわからず、車引きの母親に聞いてやっと合葬できたとあります。孔子が父の家で育ったのであればこのようなことはないわけで、要するに孔子と母は父と別居し、父の一家とも疎遠《そえん》だったのです。

二、孔子の母

次に母ですが、顔徴在《がんちょうざい》という名前であったと言います。叔梁紇との結婚のいきさつについては『孔子家語《こうしけご》』という本にはいろいろ書いてありますが、この書物は後漢《ごかん》の王粛《おうしゅく》の偽作なのであまりあてにできません。また近年は巫女《みこ》さんではないかという説もありますが、これもたぶんに推測の産物です。いずれにしても夫とは正規の夫婦関係ではなく、貧しい中で孔子を育てたのだと思われます。父親が大夫だったわけですから本来ならそれなりの生活をしていたはずですが、第3回でみたように孔子自身は「私は幼少の時賤《いや》しかった」(『論語』子罕篇《しかん》)と言い、『史記』孔子世家ではそれを敷衍《ふえん》して「孔子貧しく且《か》つ賤し」と述べているのです。

なお孔子は両親について語ってはいません。

親への孝は、親が生きている時に献身するのはもちろんですが、死んだら葬式をあげ、それが終わってからも祭り続けなければなりません。特に父に対してはこれが厳しく求められます。孔子は次男ですから、兄が父の葬儀や死後の祭りを主導したにしろ、それに全く参加しないというのは本来あってはならないことなのです。自分が果たせなかった父への孝を人に説くという複雑な心理を孔子は持ち続けたことになります。

三、孔子の兄

兄がいたことは確かです。孔子の字《あざな》を仲尼《ちゅうじ》と言いますが、この「仲」というのは孔子が次男であることを表しています。『論語』公治長《こうやちょう》篇でも兄の娘の結婚の世話を孔子がしたということがのっています。この兄がどのような人であったかはわかりません。

四、孔子の妻

孔子の妻についても、どのような女性であったかは不明です。『孔子家語』本姓解に幵官《けんかん》氏《し》（姓が幵官という女性）という名前が出ていますが、前にも述べたようにこの書はあまりあてになりません。

また孔子が離婚したという話があります。これは『礼記《らいき》』という経書に次のような話があるからです。孔子の孫の子思《しし》は妻と離婚しました。そこでその子の子上《しじょう》は母が死んだのに喪《も》に服しませんでした。子思の門人がそのわけを聞こうと思い、子思にこうたずねました、「昔、子思先生の「先君子」は離婚された母上の喪に服しましたか。」子思は「服した」と答えました。そこで門人は言いました、「それならなぜご子息に同じく離婚された母上の喪に服させないのですか」、云々《うんぬん》（以上は、「檀弓篇上《だんぐうへんじょう》」）。

この「先君子」が単に「父」のことであれば、子思の父、つまり孔子の子の鯉《り》（伯魚）のことになり、「離婚された母」とはその鯉の母、つまり孔子の妻ということになります。しかし「先君子」が父祖全般を指すのであれば、孔子のことである可能性も出てきて、離婚されたのは孔子の母かもしれないということになります。先に述べたように孔子の母は父と別居していたことからすると、この解釈も無下《むげ》にはできません。

また同じく『礼記』の次のような記事から孔子の離婚を推測することもあります。孔子の子の鯉が一年すぎてもまだ母に対して喪に服して泣いていました。孔子がそれを聞いて、「泣いているのは誰だ」とたずねました。門人が鯉ですと答えたところ、孔子は、「ああ、行きすぎだ」と言いました。鯉はそれを聞いて泣くのを止めました（「檀弓篇上」）。母には三年の喪に服さなければならないのに、孔子が一年にすべきだとしたのは、鯉の母が離縁されていたからだとするわけです。これに対しては、同じ『礼記』に、父が存命の場合は母には一年の喪に服すとあることから（「喪大記篇《そうだいきへん》」）、孔子がまだ生きているわけだから、離婚していなくとも一年の喪が適切だったのだという反論があります。いずれにしても孔子が妻と本当に離婚したかについては断定しかねます。

五、孔子の息子

孔子の息子は、諱《いみな》は鯉《り》、字《あざな》は伯魚《はくぎょ》、と言いました。孔子よりも早く亡《な》くなりました。『論語』を見ると、孔子は息子だからといって特別扱いはしなかったようです。陳亢《ちんこう》が鯉にお父上に特別に教えられたことが何かあるかと聞いた時、鯉は詩や礼をきちんと学ぶようにと言われただけだと答えました。陳亢は退いて喜んでこう言いました。「一つのことを質問したら、三つのことを聞くことができた。詩の重要性を聞き、礼の重要性を聞き、そのうえに君子は自分の子を特別扱いしないことを聞けた」（以上、『論語』季氏《きし》篇）。つまり孔子は我が子を特別扱いせず、一般の弟子の列に並べて扱ったというのです。鯉が不満に感じたと思うのは現代的な発想で、案外それを自然に受けとめていたかもしれません。

この鯉も離婚したという話があります。やはり『礼記』に、子思の母（鯉の妻）が衛《えい》で死んだとあるのです（「檀弓篇上」）。衛で死んだというのは、鯉に離縁されてから衛で再婚していたということだと後漢の鄭玄《じょうげん》の注では言っています。

六、孔子の娘

孔子の娘については、『論語』公冶長《こうやちょう》篇によると、孔子が公冶長という前科者と結婚させています。孔子は彼は無罪であると言い、その人柄を評価していますが、当時の通念からすればもちろん、今の世の中でも極めて大胆な行為です。孔子が人物を世評よりも中身で評価していたことがよくわかる事例です。

七、孔子の孫

孔子の孫では孔伋《こうきゅう》がいます。つまり孔子の息子の鯉《り》の子で、先ほどから名が出ている子思《し》です。先にもあったように、彼も離婚しました（『礼記』檀弓篇上）。彼は孔子の弟子の曽参《そうしん》の弟子で、『中庸』の著者にされたり、儒教史上重要な存在です。彼の孫弟子が、有名な孟子です。

八、孔子の子孫

前漢に孔子の子孫が諸侯の待遇を受けるようになってから、孔子の子孫は、孔子の地元の曲阜《きょくふ》（現在の山東省）で歴代の王朝に保護され、代々その地位を継承してきました。曲阜には今も孔子の子孫の邸宅の「孔府《こうふ》」、孔子を祭った「孔廟《こうびょう》」、孔子一族の墓地の「孔林《こうりん》」があります。この孔子の子孫の家を「衍聖公家《えんせいこう》」と言い、直系の七十七代の孔徳成は台湾に移り、今はその孫が跡《あと》を継いでいます。中国では王朝の滅亡とともに皇帝の一族も失墜《しっつい》しますが、それに比《くら》べれば、孔子がいかに尊崇され続けてきたかがわかるでしょう。

九、儒者たちの離婚話

ところで孔子一族の離婚話が出たついでに言うと、戦国時代を代表する儒者の孟子もまた離婚したとか（『荀子《じゅんし》』解蔽篇《かいへい》）、離婚しようとしたら母親に止められたとかいわれています（『韓詩外伝《かんしがいでん》』巻九、『列女伝』母儀「鄒《すう》の孟軻《もうか》の母」）。さらに孔子の重要な弟子の曽参《そうしん》も離婚したという話があります（『孔子家語《こうしけご》』七十二「弟子解」）。このように儒教を代表する人々は離婚しまくっているのですが、あまりも極端なので逆にその信憑性《しんぴょうせい》が疑われます。先に見た孔子一族の離婚の記事がのっていたのは『礼記《らいき》』の檀弓《だんぐう》篇という篇ですが、『礼記』は前漢の時に編集されたもので、その中の篇には戦国時代にさかのぼれるものもあるものの、檀弓篇がいつの成立かはわからず、内容を全て信じることはできません。なお肝心の『論語』には、孔子やその子の離婚をにおわせる記述は一切ありません。中国では夫が妻のいいなりになり親をないがしろにする場合などに、妻に毅然《きぜん》たる態度を取るのが美徳とされましたが、これが離婚話ができるもとになったのかもしれません。ともかくも私は、もともと子思の離婚話が孔子の家に伝えられていて、それがいつのまにかあたかも孔子の家の伝統のようにされるようになったではないかと疑っています。

それにしても家庭の秩序と調和を尊重する儒教が、離婚という家庭崩壊を聖人や賢人の話にしてよいものでしょうか。あるいは儒者があまりに礼にうるさいために、妻に求めるものが厳しすぎたという推測も可能かもしれません。孔子が食事や衣服など生活の場面でも細々した作法を厳守したことは『論語』郷党篇《きょうとうへん》にでてきます。しかし孔子は『論語』の中で人を責めるよりも自分に厳しくあれと言っています。本書の第10回に引いた次の二つの語などはその例です。

君子《くんし》は諸《これ》を己《おのれ》に求《もと》め、小人《せうじん》は諸《これ》を人《ひと》に求《もと》む。（衛霊公篇《えいれいこうへん》）

（君子は自分を反省するが、小人（くだらない人）は人を追求する。）

躬《み》自《みづか》ら厚《あつ》くして、人《ひと》を責《せ》むるに薄《うす》ければ、則《すなは》ち怨《うらみ》に遠《とほ》ざかる。（衛霊公篇《えいれいこうへん》）

（自分に対しては深く反省して、人を責めるのが寛容であれば、怨《うらみ》を残すことから遠ざかる。）

家族に対しても、この姿勢が貫かれていたのではないでしょうか。

先に触れた孟子が離婚しようとしたという話は、具体的には次のようなものです。孟子の妻が自室でくつろいでいてきちんと座っていなかったのを孟子が咎《とが》め離婚しようとしました。それに対して孟子の母が、いきなり声もかけずに妻の自室に入った孟子の方が問題だとして、こう言って孟子をたしなめたのです。

是《これ》汝《なんじ》の無礼《ぶれい》なり、婦《ふ》の無礼《ぶれい》に非《あら》ざるなり。（『韓詩外伝《かんしがいでん》』巻九）
〔是汝之無礼也、非婦無礼也。〕

お前の方が無礼で、妻が無礼なのではありません。

この母の姿勢こそ、孔子の教えに近いのではないでしょうか。

【第24回】　人の尊重

孔子が大切にしたのは人間です。次の章はたいへん有名です。

廏《うまや》焚《や》けたり。子《し》朝《ちょう》より退《しりぞ》きて曰《いは》く、人《ひと》を傷《そこな》へるか、と。馬《うま》を問《と》はず、と。（郷党《きょうとう》篇）
〔廏焚。子退朝曰、傷人乎。不問馬。〕

馬屋が火事になった。先生が役所からお帰りになって言われた。「怪我した人はいなかったか。」馬のことは問わなかった。

当時は馬はたいへん高価でした。普通の人なら「馬は無事か」とまず聞くでしょうが、孔子はまず人を心配したのです。孔子がいかに人を大事にしたかがよくあらわれています。江戸時代の国学者の本居宣長《もとおりのりなが》は、そもそも馬屋の火事の場合は、人はだいじょうぶなのが普通で、囲われている馬の方が危険だから馬の安否を聞くのが人情というものなのに、弟子が孔子の偉さを言うためにわざわざ「馬を問はず」と余計な事を記したとからんでいますが(『玉勝間《たまかつま》』巻一四)、そこまで言う必要も無いと思います。孔子が人の安否を聞いた時に、聞かれた人は当然「みなだいじょうぶでした。馬も助かりました」とでも答えたことでしょう。それを見ていた人は、孔子が真っ先に人の安否を聞いたことに感激して記録したまでだと思います。

また孔子は常に人間の善い面を見ようとしました。次の語はたいへん示唆に富みます。

子曰《しいは》く、君子《くんし》は人《ひと》の美《び》を成《な》す。人《ひと》の悪《あく》を成《な》さず。小人《せうじん》は是《これ》に反《はん》す、と。(顔淵《がんえん》篇)

〔子曰、君子成人之美。不成人之悪。小人反是。〕

先生が言われた。「君子は人の美しいところを発揮させて完成させてあげる。人の悪いところを増幅させて遂《と》げさせるようなことはしない。小人はその反対だ。」

誰でも長所と欠点があります。立派な人は、人の長所をさがし、それを発揮するようにしむけます。そうすれば欠点の方はあまり出なくてすみ、当人も救われます。それに反し、くだらない人は人の短所を利用したりそれをたきつけたりします。今でも通用する名言でしょう。

孔子は最初から完全無欠な人間なぞを求めてはいません。人間は試行錯誤《しこうさくご》したり、時には業病《ごうびょう》にかかった伯牛のように（本書の第21回）悲運な運命にさらされるものです。孔子は甘えはきらいでしたが、がんばっている人たちへの思いやりはことのほか深いものがあったのです。

孔子は、道も人あってのものだと考えていました。

【第24回】　人の尊重

子曰《しいは》く、人《ひと》能《よ》く道《みち》を弘《ひろ》む。道《みち》人《ひと》を弘《ひろ》むるに非《あら》ず、と。（衛霊公《えいれいこう》篇）

〔子曰、人能弘道。非道弘人。〕

先生が言われた。「人が道をひろめられるのだ。道が人を広めるのではない。」

この語を、南宋の大思想家の朱子《しゅし》の注釈では次のように説明しています。

「弘」とは、広げて大きくするということである。人の外には道が無く、道の外には人が無い。しかし人の心には目覚めることがあるが、道自体は何もしない。それゆえ人は道を広められるが、道は人を広められない。（『論語集注《ろんごしっちゅう》』衛霊公）

これはこのような意味です。「弘道とは、道を広げて大きくするということだ。人と道は一体だが、人には心の働きがあり道を広められる。一方道の方はそれ自体は単独で働くことが無い。つまり道徳はそれ自体では単に存在しているだけで、それに気づき行うのはあくまでも人間なのだ。」人ががんばらなければ道徳は広まりません。あくまでも人が中心なのです。

ちなみに弘道という語は日本でも人材育成の場でよく用いられ、江戸時代には水戸藩、佐賀藩、出石藩《いずし》（兵庫県）をはじめ弘道館という名の藩校が各地にありました。本書のもとになった連載も明治以来百四十五年続く日本弘道会の機関誌『弘道』に連載されていました。ただ人間が道を広めるには、その人自身が立派にならなければなりません。『論語』に次のような語があります。

子《し》曰《いは》く、人《ひと》にして仁《じん》ならずんば、礼《れい》を如何《いかん》せん。人《ひと》にして仁《じん》ならずんば、楽《がく》を如何《いかん》せん、と。（八佾《はちいつ》篇）
〔子曰、人而不仁、如礼何。人而不仁、如楽何。〕

先生が言われた。「人であるのに仁でなければ、礼が何になろうか。人であるのに仁でなければ音楽が何になろうか。」

いくら礼や楽（音楽）がきちんと整備されていても、それを実践する人に仁の徳が無ければ何にもならないというのです。ここでは礼と楽が言われていますが、楽が礼と並んで道徳的なものとして重視され、両者を合わせて「礼楽」と言われていたことについては、既に本書の第11回で述べました。ここで孔子は、道の場合と同じように、礼楽もそれを広めるのは人次第だと言っているのです。道は人において徳として実現してこそ、具体的に働くものです。いくら道徳教育をしても、まず教える教師が徳を積もうという姿勢を持つことが大事で、それがあってこそ教えられた生徒もその教えが身につき、行いも立派になるのです。

「論語読みの論語知らず」という言葉があります。『論語』をいくら読んでもその精神を実践していない人は『論語』を知っていることにはなりません。「『論語』から学ぶ」とか「『論語』の知恵」とかいう本は、観念的にはいくらでも書けます。しかしその著者の平常の行いが『論語』を果たして体現しているでしょうか。たとえばこの種の本を書いたり講演したりしていながら、実際の行動はそれに反する人などは「論語知らず」でしょう。これは私の自戒でもあります。

中国の思想家は単にその理論が立派だからといって尊敬されるわけではありません。常にその人自体の出処進退が問われるのです。前漢の末に揚雄《ようゆう》という優れた儒者がいました。しかし彼は簒奪者《さんだつしゃ》の王莽《おうもう》に仕えたというので、後世批判されています。北宋の大歴史家であり政治家の司馬光《しばこう》などは揚雄の信者でしたので、揚雄は漢王室を守ろうとしたためあえてそういう行動を取ったなどと無理な弁護をしています。揚雄の理論はすぐれたものなのですが、それだけでは評価されません。揚雄がいかに生きたかが問われるのです。思想はその人に肉体化されていなければなりません。つまり徳を身につけた人のみが道を説けます。本書の第7回で徳倫理学について触れましたが、抽象的理論を駆使する人よりも、徳高き人こそが、日常の中で道を実現できるのです。

しかし我々はそう簡単に徳が高い人物になれるわけではありません。もし有徳者でなければ道を語れないとすれば、道を語る人はごく少数になってしまうでしょう。立派な人は謙虚ですから、その数はますます少なくなってしまいます。この調子では道徳教育など成り立ちません。

そこで重要なのは徳を身につけようという志があるかどうかということです。自分も向上していくという姿勢を持ち、そこに他人を巻き込んでいくことが重要なのです。先にも見たように、孔子は自分を聖人とは思っていず、学び向上し続ける存在として自己規定していました。さあみなゴールを目指して走ろうと語りかけ、人々を鼓舞しながら先陣をきって走り続けたのです。宗教の教祖のように自己を悟った存在と見なし、ゴールに立って皆に向かってこっちへ来いと手招きしているような存在ではなく、皆と同じ方向を向いて皆とともに生涯走り続けたのです。

結局は人の問題なのです。道は人のためにあるべきものなのに、いつの間にか人を支配するようになりがちになるものです。特に道の名を借りたイデオロギーはそうです。孔子はこのような本末転倒に警鐘を鳴らしているのです。道は人のために存在し、人を通して自己実現するものなのです。

文芸評論家の小林秀雄の有名な言葉に、次のようなものがあります。

美しい「花」がある、「花」の美しさといふ様《よう》なものはない（「当麻《たいま》」）

美しい花は、その花そのものが人を引きつけているのであって、美しさという観念的なものが独立して人を魅了しているわけではありません。あくまでも道を体得した立派な人が人々に感銘をあたえ感化するので、道という観念が一人歩きしているのではないのです。

現代は一見人間尊重の時代のように見えます。「人間の尊厳」というような語も、無条件に社会のお題目にされています。しかしこれはともすれば観念的に過ぎたり、自己犠牲の忌《き》避《ひ》とか利己主義の言《い》い訳《わけ》になりがちで、実際の生活の場で本当に人が大切にされているのかはなはだ疑問です。学校や職場でのいじめや、匿《とく》名《めい》での個人攻撃など人を人とも思わない話は巷《ちまた》に満ちています。もし「人間の尊重」を実践するとするなら、権利意識から自分の尊厳を誇示するよりも、まず他人の尊厳の尊重から始めるべきでしょう。『論語』には錯綜《さくそう》する人間関係の中で人をどう思いやり尊重するかについての具体的な教えが詰《つ》めこまれています。日常の中での人の尊重は、現代の観念的な議論よりも、むしろ古代の書『論語』から学ぶことが多いのではないでしょうか。

【付録】 名言の数々

『論語』には孔子の数多くの名言がのっています。本篇で引いたのはその一部です。そこで付録として、漏《も》れたもののうち特に人口に膾炙《かいしゃ》しているものを列挙し、若干のコメントをつけて付録としたいと思います。

一、外面よりも中身

子曰《しいは》く、巧言令色《こうげんれいしょく》、鮮《すくな》きかな仁《じん》、と。(学而篇《がくじ》、陽貨篇《ようか》)

〔子曰、巧言令色、鮮矣仁。〕

先生が言われた。「言葉を巧みにし、表情を飾るのは、少ないね、仁が。」

子曰《しいは》く、剛毅木訥《がうきぼくとつ》、仁《じん》に近《ちか》し、と。（子路《しろ》篇）
〔子曰、剛毅木訥、近仁。〕

先生が言われた。「剛毅で朴訥なのは、仁に近い。」

この二つの章は同じ内容を表裏で述べています。虚飾を排《はい》した孔子らしい語です。

二、志の強さ

子曰《しいは》く、三軍《さんぐん》も帥《すゐ》を奪《うば》ふ可《べ》きなり。匹夫《ひつぷ》も志《こころざし》を奪《うば》ふ可《べ》からざるなり、と。（子罕《しかん》篇）
〔子曰、三軍可奪帥也。匹夫不可奪志也。〕

先生が言われた。「大軍が相手でも将軍を捕獲することができる。しかし取るに足らない者でもその志は奪うことはできない。」

後半の部分は志を持つことの意義を説いたものとして有名です。ただ荻生徂徠《おぎゅうそらい》は「庶民もその志向を変えられない」という君主への戒めだと解釈しています。さらには君子でなくて匹夫であっても志である以上それを奪えないのが人生だとするものまであります（小林秀雄「匹夫不可奪志」）。

子曰《しいは》く、志士《しし》仁人《じんじん》は、生《せい》を求《もと》めて以《もっ》て仁《じん》を害《がい》すること無《な》く、身《み》を殺《ころ》して以《もっ》て仁《じん》を成《な》すこと有《あ》り、と。（衛霊公《えいれいこう》篇）

〔子曰、志士仁人、無求生以害仁、有殺身以成仁。〕

先生が言われた。「志士や仁人は、生きることを求めてそれで仁を損なうことは無く、我が身を殺してそれで仁を完遂《かんすい》することがある」。

自分自身を犠牲にしても仁を成し遂げようという気迫ある語です。

子曰《しいは》く、其《そ》の鬼《き》に非《あら》ずして之《これ》を祭《まつ》るは、諂《へつら》ふなり。義《ぎ》を見《み》て為《せ》ざるは、勇無《ゆうな》きなり、と。（為政篇《いせい》）

〔子曰、非其鬼而祭之、諂也。見義不為、無勇也。〕

先生が言われた。「自分が祭るべき祖先の霊魂ではないのに祭るのは、へつらっているのだ。一方で正しさを見てもそうしないのは、勇気が無いのだ。」

これも気迫に満ちています。「義を見て為《な》さざるは……」ではなく、「義を見て為《せ》ざるは……」と習慣的に切迫感を持った読み方をし、格言として使用されています。

子曰《しいは》く、歳寒《としさむ》くして、然《しか》る後《のち》に松柏《しょうはく》の彫《しぼ》むに後《おく》るるを知《し》るなり、と。（子罕篇《しかん》）

〔子曰、歳寒、然後知松柏之後彫也。〕

先生が言われた。「気候が寒くなって、その後で松や柏がしぼむのが遅いのがわかる。」

状況の悪化によって志操堅固《しそうけんご》な人かどうかがわかるということを説いた語です。日本の柏《かしわ》は落葉樹ですが、中国のものは針葉樹で、松とともに常緑樹の代表とされました。不滅を象徴し、墓の傍《かたわ》らなどに植えられています。この語は、文字通り取ると、松柏もいつかは枯れるが、それが遅《おそ》いということになります。ただもしかしたら、松柏は枯れないという含意《がんい》があるのかもしれません。恩師の楠山春樹先生は、『老子』四十一章の「大器晩成」を、偉大な才能の持ち主は晩年に完成するという意味ではなく永遠に完成とは無縁であるということとし、それは新発見文書でも証明できますが、その類かもしれないのです。

三、過去と現在の追求

子曰《しいは》く、故《ふる》きを温《たづ》ねて新《あたら》しきを知《し》れば、以《もつ》て師《し》と為《な》る可《べ》し、と。（為政篇《いせいへん》）

〔子曰、温故而知新、可以為師矣。〕

先生が言った。「古い時代のことに通達し、現在に対応できる知見を得られれば、師となれる。」

『中庸』にも出てくる学問の意義を説いた有名な語ですが、従来の解釈は様々です。一、過去についての学識の延長で新知見を得る、二、過去の叡智の習得と新たな知見の獲得の両者を行う、三、以前聞いたことを反芻《はんすう》して新たに悟ることがある、などですが、一般には過去に対する造詣《ぞうけい》を深めそれを基盤にしながら、新時代の知見も吸収して新たな情勢に対応するというようなことで理解されているように思います。いずれにしても単に古いことを学ぶだけでもなく、といって流行ばかりを追うのではない、過去を対象とする地道な学問をしながら現在への問題意識を持ち続ける姿勢があらわれています。

四、人間観察

子曰《しいは》く、其《そ》の以《もっ》てする所《ところ》を視《み》、其《そ》の由《よ》る所《ところ》を観《み》、其《そ》の安《やす》んずる所《ところ》を察《さっ》すれば、人《ひと》焉《いづくん》ぞ廋《かく》さんや。人《ひと》焉《いづくん》ぞ廋《かく》さんや、と。（為政《いせい》篇）

〔子曰、視其所以、観其所由、察其所安、人焉廋哉。人焉廋哉。〕

先生が言われた。「行為の内容を見つめ、その動機を看取し、その目的を推察すれば、人はどうして隠せようか。人はどうして隠せようか。」

「其の以てする所」を過去、「其の由る所」を現在、「其の安んずる所」を未来のこととし、「その人がどうしてきたか、今どうなのか、将来どうなるか」を見るという解釈もありえます。人間観察法として有名な言葉です。ただ孔子は安易に人を決めつけるような人ではありませんでした。本書の第24回で引いた語に「君子は人の美しいところを発揮させて完成させてあげる」（顔淵篇《がんえんへん》）とあったように、人の美点を見つけてそれを引き立てるようにしていました。そもそも自分で「人間通」などと豪語している向きは信用できないものです。

五、孔子の希望

ここで紹介するのは長い章なので、まず梗概《こうがい》を記しておきます。

弟子の子路、曽皙《そうせき》、冉有《ぜんゆう》、公西華《こうせいか》が孔子のそばに座っていた時に、孔子が彼らに問いかけました。「私が少しばかり諸君よりも年長だからといって遠慮しないように。諸君はふだん『自分のことをわかってくれない』と言っているね。それならもし諸君のことをわかってくれる場合があれば、どうしたいかね。」

まず子路が言いました。「千台の戦車を出す程度の国が、大国の間に挟《はさ》まれ、さらに軍隊で圧迫され、そのおかげで飢饉《ききん》が発生したとします。私がこの国を治めれば、三年たつに及んで勇気が溢《あふ》れしかも義理をわからせることができます。」孔子は苦笑しました。

次に冉有《ぜんゆう》が言いました。「六、七十四方、もしくは五、六十四方の地域を、私が治めれば、三年たつに及んで民の生活を十分にできましょう。礼楽《れいがく》のようなことは、君子を待ちます。」

その次は公西華です。「できるというわけではなく、まず学びたいと願っております。諸侯の宗廟の行事、もしくは諸侯の会合に黒の縁取《ふちど》りの礼服と礼装用の冠をつけて正装し、補佐係をつとめたいものです。」

最後に孔子は曽晳《そうせき》に返事をうながしました。曽晳は瑟《しつ》（楽器）をつまびいていましたが、かたりと瑟を置きおいて立ち上がってお答えました。「お三方の方向とは違うのですが。」孔子は言いました。「気にする必要があろうか。それぞれ自分の志を言っているまでだ。」そこで曽晳が述べた言葉と、それを受けた孔子の反応が次のようなものだったのです。

曰《いは》く、莫春《ぼしゆん》には、春服《しゆんぷく》既《すで》に成《な》る。冠者五六人《くわんじやごろくにん》、童子六七人《どうじろくしちにん》、沂《き》に浴《よく》し、舞雩《ぶう》に風《ふう》じて、詠《えい》じて帰《かへ》らん、と。夫子喟然《ふうしきぜん》として歎《たん》じて曰《いは》く、吾《われ》は点《てん》に与《くみ》せん、と。（先進篇《せんしん》）

〔曰、莫春者、春服既成。冠者五六人、童子六七人、浴乎沂、風乎舞雩、詠而帰。夫子喟然歎曰、吾与点也。〕

曽晳《そうせき》は答えた。「暮春《ぼしゅん》には、春服ができあがっています。青年五、六人、少年六、七人と、沂《き》の川で沐浴《もくよく》して、舞雩《ぶう》の台で風に吹かれ、歌いながら帰りたいものです。」先生（孔子）は深く嘆息して言われた。「私は点（曽晳）に同調しよう。」

「沂《き》」は魯《ろ》の都城の南にある川。温泉があるとも言います。「舞雩《ぶう》」は雨乞いの楽舞《がくぶ》をする台で、孔子一門はしばしばここに遠足しました。曽晳《そうせき》（諱《いみな》は点で、晳は字《あざな》）は有名な孔子の弟子の曽参《そうしん》の父親です。彼以外の三人の弟子たちは他でも同座しています。なおこの後さらにこの章は続きます。三人の弟子が退出した後、曽皙が後に残りました。曽皙が三人の返答について孔子にたずねたところ、孔子はそれぞれに批評を加えました。

子路、冉有、公西華の三人の答えは軍事、政治、礼の学習という正面きったものでしたが、曽皙のは全く肩の力の抜けたものでした。ところが孔子はこの曽皙に賛同したのです。この解釈については様々な思想的解釈もなされてきましたが、私は孔子の素直な気持ちとして見たいと思います。軍事や政治や礼楽はもとより大事ですが、結局は日々の生活の中の安らぎや楽しみの実現が人間の幸せなのです。孔子のこのような志向を示すもう一つの例を次にあげておきます。

顔回と子路が孔子のもとに侍《はべ》っていた時、孔子がそれぞれ自分の志を言うようにうながしました。

まず子路が言いました。「車馬や着るための薄手の皮衣を友人と一緒に使って、友人がそれを破損《はそん》しても恨まないようにしたいと願っております。」

次に顔回が言いました。「善行を自慢せず、功績を誇らないようにと願っております。」

そこで今度は子路が孔子に向かって「先生の志をお聞きしたいものです」と望んだところ、

孔子の答えがこのようだったのです。

子曰《しいは》く、老者《ろうしや》は之《これ》を安《やす》んじ、朋友《ほういう》は之《これ》に信《しん》あり、少者《せうしや》は之《これ》に懐《なつ》かれん、と。（公冶長篇《こうやちょうへん》）
〔子曰、老者安之、朋友信之、少者懐之。〕

先生が言われた。「老いた者には安心され、朋友《ほうゆう》には信じられ、幼少の者にはなつかれたいね。」

弟子の二人の堅苦しさに比して、孔子がいかに日常の中の普通の喜び楽しみを重んじていたかがわかります。孔子が目指したものは、限りなく平易でありながら、含蓄に富むものなのです。

六、神秘の否定

子《し》、怪力《くわいりよく》乱神《らんしん》を語《かた》らず。（述而篇《じゆつじへん》）

〔子不語怪力乱神。〕

先生は、怪しげな力や、日常を乱す神秘を語らなかった。

孔子を巫祝《ふしゅく》（みこ）集団の出身で宗教的であるとする説がありますが、多分に誇張された議論で、『論語』を平心に読めば孔子に宗教的要素は希薄です。孔子は死についても次のような態度を取っています。

季路《きろ》鬼神《きしん》に事《つか》へんことを問《と》ふ。子曰《しいは》く、未《いま》だ人《ひと》に事《つか》ふること能《あた》はず、焉《いづくん》ぞ能《よ》く鬼《き》に事《つか》へん、と。敢《あへ》て死《し》を問《と》ふ。曰《いは》く、未《いま》だ生《せい》を知《し》らず、焉《いづくん》ぞ死《し》を知《し》らん、と。（先進《せんしん》篇）

〔季路問事鬼神。子曰、未能事人、焉能事鬼。敢問死。曰、未知生、焉知死。〕

季路（子路）が霊魂に仕えることをおたずねした。先生が言われた。「まだ生きている人に仕えることができないのに、どうして霊魂に仕えられようか。」踏み込んで死についておたずねした。先生が言われた。「まだ生きていることがわかっていないのに、どうして死がわかろうか。」

孔子にとって重要だったのは死よりも生だったのです。

孔子も死者の霊魂に対する祭祀《さいし》を非常に重視していますが、それも生き残った者の道徳的問題として語られることが多く、死者の霊魂がどのようになっていくのかについての具体的説明はありません。次の箇所などは、先祖の霊や神がいるとは言わず、「おられるかのように」といった微妙な表現になっています。

祭《まつ》るには在《いま》すが如《ごと》くす。神《かみ》を祭《まつ》るには、神《かみ》の在《いま》すが如《ごと》くす。（八佾篇《はちいつ》）

（先生はふだんご先祖を祭る場合は、そこにご先祖がおられるかのようにされた。また神を祭るには神がおられるかのようにされた。）

天を敬うということについても、天を宗教的に信仰し、その指示を受けたりそれにたよるというよりも、自己の使命の根拠として考えるという性格のものでした。本書の第21回でも引いた弟子の子貢の語にもあったように、天の道についての理論を語ることもありませんでした。

子貢曰《しこういは》く、夫子《ふうし》の文章《ぶんしやう》は、得《え》て聞《き》く可《べ》きなり。夫子《ふうし》の性《せい》と天道《てんだう》とを言《い》ふは、得《え》て聞《き》く可《べ》からざるなり、と。(公冶長《こうやちょう》篇)

(子貢が言った。「先生(孔子)の文化ついての言葉は聞くことができる。しかし先生が人の本性と天の道について語ったのは聞くことができない。」)

中国古代の墨家《ぼっか》の書の『墨子《ぼくし》』公孟篇では「儒は天を不明とし、鬼を不神とし、天や鬼を説かない(あるいは「喜ばない」)」と、儒教が天や神を本当は敬っていないとまで言っています。儒教批判のための語ですから割り引くとしても、少なくとも孔子はあくまでも生きている人間を中心に考えていたのです。

七、孔子の失言

子《し》 武城《ぶじやう》に之《ゆ》き、弦歌《げんか》の声《こゑ》を聞《き》く。夫子《ふうし》莞爾《くわんじ》として笑《わら》ひて曰《いは》く、鶏《にはとり》を割《さ》くに焉《いづくん》ぞ牛刀《ぎうたう》を用《もち》ひん、と。子游《しいう》対《こた》へて曰《いは》く、昔者《むかし》偃《えん》や、諸《これ》を夫子《ふうし》に聞《き》けり。曰《いは》く、君子《くんし》道《みち》を学《まな》べば、則《すなは》ち人《ひと》を愛《あい》し、小人《せうじん》道《みち》を学《まな》べば、則《すなは》ち使《つか》ひ易《やす》きなり、と。子《し》曰《いは》く、二三子《にさんし》、偃《えん》の言《げん》是《ぜ》なり。前言《ぜんげん》は之《これ》に戯《たはむ》れしのみ、と。（陽貨《やうか》篇）

〔子之武城、聞弦歌之声。夫子莞爾而笑曰、割鶏焉用牛刀。子游対曰、昔者偃也、聞諸夫子。曰、君子学道、則愛人、小人学道、則易使也。子曰、二三子、偃之言是也。前言戯之耳。〕

先生が武城に行ったところ、弦歌《げんか》の音が聞えた。先生は苦笑して言われた「鶏《にわとり》をさばくのにどうして牛用《うしよう》の包丁《ほうちょう》を使用する必要があろうか。」子游《しゅう》がお答えして言った。「昔、私はこう先生から聞いております。『君子（為政者）が道を学べば人（庶民）を愛し、小人（庶民）が道を学べば使役しやすくなる。』」先生が言われた。「諸君、偃《えん》（子游）の言葉は正しい。前言は冗談として言ったまでだ。」

「武城」とは小さな地方都市です。その地でそこを治める弟子の子游が破格に立派な儀式の音楽を演奏させていたのです。ここには、孔子が思わず口走った言葉に正面から反応した弟子と、最後は冗談だよと苦笑しながら弟子の姿勢を認める孔子の間の生き生きとしたやりとりがあります。昔は孔子は失言などしない聖人で、本当は最初から子游の行いを喜んでいたのだといった無理な解釈をしていましたが、孔子が弟子にやりこめられて頭をかくという人間味溢《あふ》れたほほえましい情景として見るべきです。孔子は弟子に対して率直に前言を訂正できるふところの深い人だったのです。

八、女性観の問題

子曰《しいは》く、唯女子《ただぢよし》と小人《せうじん》とは、養《やしな》ひ難《がた》しと為《な》すなり。之《これ》を近《ちか》づくれば則《すなは》ち不孫《ふそん》。之《これ》を遠《とほ》ざくれば則《すなは》ち怨《うら》む、と。（陽貨《ようか》篇）

［子曰、唯女子与小人、為難養也。近之則不孫。遠之則怨。］

先生が言われた。「女性と小人は、扱いにくいものだ。近づければ不遜《ふそん》になるし、遠ざければ怨むようになる。」

名言の範疇《はんちゅう》には入りませんが、『論語』という書物を知るために、評判の悪い語もあげておきたいと思います。女性蔑視《べっし》だと言われて、近代以後は批判の的《まと》になったものです。ただあまりに断片的ですし『論語』には他に目立った女性論も見えないので、真意はわかりかねます。そもそも一般論として言われているのか、特殊な状況で思わず発せられた語なのかもさだかではありません。本書の第23回にも触れましたが、真偽不明ながら孔子は離婚したという話がありますので、それと関わるという推測もありうるでしょう。また次の語のように、孔子は女性の色香に対して強い警戒心を見せています。

子曰《しいは》く、吾未《われいま》だ徳《とく》を好《この》むこと色《いろ》を好《この》むが如《ごと》くなる者《もの》を見《み》ざるなり、と。（子罕《しかん》篇、衛霊公《えいれいこう》篇）

（先生が言われた。「私は徳を好むことが女色を好むほどである者を見たことがない。」）

司馬遷《しばせん》の『史記』孔子世家《こうしせいか》では、この言葉を孔子が衛《えい》の国を去る時のものとしていますが、果たしてその時の語であったかは不明なものの、一時の憤《いきどお》りのもとに発せられた可能性はあります。この件のいきさつはこうです。衛の霊公《れいこう》は奥方の南子《なんし》にうつつをぬかしていました。南子は美人で霊公の寵愛《ちょうあい》も厚かったのですが、不倫を犯すなど問題の女性でした。孔子はこの札付《ふだつ》きの南子に招かれた時に何とそこに出向《でむ》こうとしましたが、純粋な正義漢の子路がそれをいやがったという話が『論語』に出てきます。その時に孔子が子路をなだめて誓った言葉は次の通りです。

予《われ》の否《ひ》なる所《ところ》の者《もの》は、天之《てんこれ》を厭《た》たん、天之《てんこれ》を厭《た》たん。（雍也《ようや》篇）

（もし私が誤っていたならば、天は私を見捨てるであろう。天は私を見捨てるであろう。）

結局孔子は絶望して衛を去るはめになります。

また別の話もあります。斉《せい》の国が計略をたて、女性の舞楽隊を魯《ろ》の国に送り込んできたところ、家老の季桓子《きかんし》がこれにはまってうつつを抜かして三日も参内《さんだい》しなかったことがあり、かくて孔子は失望して魯の国を去ったという話が『論語』微子《びし》篇に出ています。『史記』孔子世家によると、魯の君主も季桓子に誘われて入り浸《びた》りました。理想の政治を実現しようとすると女性に妨害されることが重なり、そのことが孔子に女性を警戒する気持ちを起こさせたということもあるかもしれません。

またここの「女子」はそもそも女性一般を指すかどうかということも問題になります。君主（あるじ）が使役する人を「臣妾《しんしょう》」と呼ぶ例が古代の文献に見えることから、あるいは「小人」は「臣」で男性の使用人、「女子」は「妾」で女性の使用人である可能性も皆無《かいむ》ではないように思います。つまり女性だけをターゲットにしているというよりも、男女の使用人の御《ぎょ》しづらさを言っているとも解せるということです。

九、詠嘆《えいたん》の言葉

子《し》 川《かわ》の上《ほとり》に在《あ》りて曰《いは》く、逝《ゆ》く者《もの》は斯《かく》の如《ごと》きかな。昼夜《ちうや》を舎《お》かず、と。（子罕《しかん》篇）

〔子在川上曰、逝者如斯夫。不舎昼夜。〕

先生が川のほとりで言われた。「過ぎ去るものはこのようなものか。昼も夜もやむこと無く。」

最後に「川上《せんじょう》の嘆《たん》（川のほとりでの詠嘆）」として有名な語をあげます。過ぎ去った歳月がもどらないことを慨嘆《がいたん》した語と見るのが多いようですが、朱子などは、道の永劫《えいごう》のありかたを言うとしながら、そこから学ぶことの限りない持続を説いています。『孟子』や『荀子《じゅんし》』にも孔子が水の流れに道や徳の姿を見出したという話があり、いろいろに解釈される語です。ただ道徳的な意味に取りすぎるとこの語の感銘が薄くなります。自然界の摂理の悠久《ゆうきゅう》さを賛嘆した語か、無常観を表白した語かのいずれかといったところが落ち着き先でしょう。ただ私としては、思想的含意《がんい》を読み取らずに、多くのことを学び、考え、修羅場《しゅらば》を体験してきた孔子が、滔々《とうとう》たる大河を前にして、理屈では表現できない感慨《かんがい》に襲《おそ》われて発した語として味わいたいと思います。

おわりに

おわりに本書ができた経緯《けいい》について記しておきます。

本書は、もとは公益社団法人・日本弘道会の機関誌『弘道』の平成二十八年三・四月号から令和二年一・二月号にかけて『論語入門』の題で連載したものですが、今回順序を一部入れ替え、全般にわたって修正を加え、付録の一章を書き足しました。

ちなみにこの日本弘道会とは西村茂樹《にしむらしげき》（一八二八〜一九〇二）が、明治九年（一八七六）に創設した組織です。当初は東京修身学社と言い、日本講道会をへて日本弘道会の名称に落ち着きました。

西村は、前半生は江戸時代の人、後半生は明治時代の人でした。幕府瓦解《がかい》までは佐野藩、佐倉藩の藩政に携《たずさ》わり、明治になってからは明六社《めいろくしゃ》に参加したり、様々な公職を歴任したりしながら、文化界、教育界、言論界で活躍しました。漢学の素養に加えてオランダ語や英語にも堪能《たんのう》で、各種の洋書の翻訳もしています。西村はその学識をもとに、東西の道徳観を是々非々の立場から検証し、明治時代の価値観混乱の中で、国民が真に共有できる国民道徳を追求し普及させようとしました。主著に、岩波文庫に収録されて広く読まれた『日本道徳論』があります。また思文閣出版から『増補改訂　西村茂樹全集』全十二巻が出版されています。

日本弘道会は、文部官僚でもあった西村がその経験から民間での道徳啓蒙の必要を痛感し、各地に支会を持つ一般人参加の学会形式という斬新な形で創設した団体で、百四十五年という異例の長い歴史を持っています。この会の名称の「弘道」は『論語』の語で、西村は『論語』を尊重していたがゆえの命名でした。今回の原稿を『弘道』に連載したのも、その内容がこの会の趣旨に沿うからです。なおこの「弘道」という語の意味については本書の第24回をごらんください。

『弘道』連載終了後、それを読まれた方々から単行本として出版しないのかとのおすすめがありました。ちょうど私の方も長年勤めていた大学を定年退職する時期でしたので、延々と読み続けてきた『論語』から得たものを、これを機会にまとまった形にしてみたいという気持ちが湧き起こりました。それに、年齢を重ねるとともに一般の方たちに『論語』の内容をお話する機会が増え、何か自分なりの平易な『論語』概説があると便利だという気もしていました。そこで日本弘道会の許可を得て、明徳出版社に出版のお話をしたところ、今回の刊行に至った次第です。

末尾ながら、本書作成の機縁を作っていただいた日本弘道会、登龍館の隈博文氏、また本書の刊行をお引き受けくださり種々の便宜を図ってくださった明徳出版社の佐久間保行社長に心よりお礼申し上げます。

令和三年八月三十一日

土田健次郎

〔著者〕土田健次郎（つちだけんじろう）
一九四九年、東京に生まれる。早稲田大学第一文学部卒業。早稲田大学大学院文学研究科博士課程単位取得退学。早稲田大学文学学術院教授を経て、現在は早稲田大学名誉教授。博士（文学）。専門：中国思想、日本思想。
日本中国学会理事長、日本儒教学会会長を歴任。現在は中国社会文化学会会長。早稲田大学文学学術院長、副総長（常任理事）、大隈記念早稲田佐賀学園理事長を歴任。日本中国学会賞、東方学会賞。
〔著書〕
『道学の形成』（創文社）、『朱熹の思想体系』（汲古書院）、『儒教入門』（東京大学出版会）、『江戸の朱子学』（筑摩書房）、『「日常」の回復——江戸儒学の「仁」の思想を学ぶ』（早稲田大学出版部）、『論語五十選——素読のために』（登龍館）、『論語集注』訳注全四巻（平凡社）、『聖教要録・配所残筆』訳注（講談社）など。

論語二十四講
令和三年十一月十二日　初版印刷
令和三年十一月十八日　初版発行
著者　土田健次郎
発行者　佐久間保行
発行所　㈱明德出版社
〒167-0052 東京都杉並区南荻窪一-二五-三
電話　〇三-三三三三-六二四七
振替　〇〇一九〇-七-五八六三四
印刷・製本／（株）興学社

ISBN978-4-89619-307-7